THE SALERNO PROJECT

CORRENTI INCROCIATE 2

More poetry from the English-speaking world
translated by students of the Humanities Department
of the University of Salerno

Altre poesie del mondo anglofono tradotte dagli
studenti del Dipartimento di Studi Umanistici
dell'Università di Salerno

Edited by / a cura di
Linda Barone e John Eliot

MOSAÏQUEPRESS

First published in 2022

MOSAÏQUE PRESS
Registered office:
70 Priory Road
Kenilworth, Warwickshire
CV8 1LQ

All English poems are the Copyright © of their Authors
All Italian translations are the Copyright © of their Translators

The right of the copyright holders to be identified as the
authors of this work has been asserted in accordance with
Section 77 of the Copyright, Designs and Patents Act 1998.

Series editor: John Eliot
Additional translation: Linda Barone, Sara Pallante

Cover illustration: *Another Wet Day* (oil on board)
Copyright © Nia MacKeown 2022

All rights reserved. No part of this publication may be reproduced, stored in a retrieval system, or transmitted in any form or by any means, electronic, mechanical, photocopying, recording or otherwise, without the prior permission of the publisher.

ISBN 978-1-906852-63-4

The translator is
the author's accomplice.

Il traduttore è
complice dell'autore.

—George Gonzalez Moore

Contents / Indice

8 Introduction / Prefazione
Linda Barone

16 Understanding poetry / Capire la poesia
Miriam Calleja

18 Rich / Ricco
RS Thomas

20 At the end / Alla fine
RS Thomas

22 His death on the midnight news /
La sua morte al notiziario di mezzanott
Gillian Clarke

22 Miracle on St David's Day /
Miracolo nel Giorno di San Davide
Gillian Clarke

26 hate there's only hate / odio c'è solo odio
George T Sipos

26 here we are again at our dining room table / eccoci
di nuovo seduti al tavolo della nostra sala da pranzo
George T Sipos

30 All and any slants / Tutte le eventuali inclinazioni
Mary Louise Kiernan

32 The Translation / La Traduzione
Mary Louise Kiernan

34 Village of Silence / Villaggio del Silenzio
John Eliot

36 Bernard Prickett / Bernard Prickett
John Eliot

38 Märchen / Märchen
Andreea Iulia Scridon

40 Loosening and Tightening / Tira e molla
    Andreea Iulia Scridon

44 Backspace / Backspace
    Karen Gemma Brewer

46 I'll Never Stay at the Dorchester /
    Non alloggerò mai al Dorchester
    Karen Gemma Brewer

50 Night of the Scorpion / La notte dello Scorpione
    Nissim Ezekiel

54 Poet, Lover, Birdwatcher / Poeta, Amante, Birdwatcher
    Nissim Ezekiel

56 The Players / I Giocatori
    Menna Elfyn

58 The Pear Tree, Manse, Pontardawe /
    Il Pero, la Canonica, Pontardawe
    Menna Elfyn

60 Requiem / Requiem
    Brian Phillips

62 Blood Eagled / Aquila di sangue
    Brian Phillips

64 Gosia / Gosia
    Dave Lewis

66 Laika / Laika
    Dave Lewis

68 Garlic and roast tomatoes / Aglio e pomodori arrosto
    Kate Rose

70 The last holiday / L'ultima vacanza
    Kate Rose

72 Pleasures / Piaceri
Clara Burghelea

74 On translation / Sulla traduzione
Clara Burghelea

76 Ode to Caravaggio / Ode a Caravaggio
Kavita Ezekiel Mendonca

78 Loss / Perdita
Kavita Ezekiel Mendonca

80 What is love, now? / Cos'è l'amore, adesso?
Miriam Calleja

82 Lake Michigan / Lago Michigan
Miriam Calleja

84 Letter to my newborn daughter to help her christen the world / Lettera a mia figlia appena nata per aiutarla a battezzare il mondo
Manuel Iris

86 Elegy and welcome to my father, whose funeral I could not attend / Elegia e benvenuto a mio padre, al cui funerale non ho potuto partecipare
Manuel Iris

90 How to Love a Gardener / Come Amare un Giardiniere
Christina Thatcher

92 Digestion / Digestione
Christina Thatcher

94 In the Beginning / All'inizio
Donald Krieger

96 Curly Red Hair / Ricci capelli rossi
Donald Krieger

98 Self Portrait as a Great Crested Grebe / Autoritratto di uno svasso maggiore
Rachel Carney

100 Different / Differente
Rachel Carney

102 The Prince / Il Principe
Sholeh Wolpé

106 The House on Stilt Legs / La Casa sui Trampoli
Sholeh Wolpé

110 Poltergeist in Fäget Forest / Poltergeist nella foresta di Fäget
Stefan Manasia

112 We are the generation of extinction /
Siamo la generazione dell'estinzione
Stefan Manasia

116 The Ukrainian mother / La madre ucraina
Menna Elfyn

118 The Poets / I poeti

126 Acknowledgements / Ringraziamenti

The invisible translator

An introduction by Linda Barone

In the following notes I would like to summarize some elements that I usually deal with during literary translation lessons. These are the basis of my approach to translation in general and to poetry in particular. The key points are style, form and naturalness.

Style is not a simple ornamentation of meaning; one should try to maintain a balance between form and meaning when translating a text, while being careful not to sacrifice the naturalness of the translated text.

It is therefore important that a translator is able to respect both the form – the style – and the contents without losing the naturalness. In poetic translation in particular, the translation should try to respect the intentions, the register, the lexical choices, the phrasal structures, the punctuation, the rhymes and the rhythm of the source text, especially if these elements are used for a specific purpose, for example to create musicality and harmony.

In this regard, Lawrence Venuti (1999: 21) writes:

> A translated text, whether it is prose or poetry, fictional or not, is judged acceptable by most editors, reviewers and readers when it is read fluently, when the absence of any linguistic and stylistic peculiarity makes it appear transparent, which reflects the personality of the foreign writer or his intention or the essential meaning of the foreign text: in other words when it has the appearance of not being, in fact, a translation, but the original.

There is a paradox here. Often, in my experience first as a reader, but also as a translation scholar, I have come across translations - by the same translator - of authors who are profoundly different stylistically, and those translations seemed very similar to me. The style I was recognizing was not that of the author, but of the translator who had flattened highly dissimilar texts.

Il traduttore invisible

Premessa di Linda Barone

Nelle pagine che seguono vorrei riassumere alcuni elementi che solitamente tratto durante le lezioni di traduzione letteraria e che sono alla base del mio approccio alla traduzione in generale e a quella poetica in particolare, i cui punti fermi sono lo stile, la pragmatica e la naturalezza.

Lo stile non è un semplice orpello del significato e si dovrebbe cercare di mantenere un equilibrio tra forma e senso quando si traduce un testo facendo attenzione, al contempo, a non sacrificare la naturalezza del testo tradotto.

È importante, quindi, che un traduttore riesca a rispettare sia la forma - lo stile - che i contenuti senza perdere la naturalezza. Nella traduzione poetica in particolare, il testo di arrivo dovrebbe tendere a rispettare le intenzioni, il registro, le scelte lessicali, le strutture frastiche, la punteggiatura, le rime e il ritmo del testo di partenza se questi elementi sono usati per uno scopo specifico, ad esempio per creare musicalità e armonia.

A questo proposito, Lawrence Venuti (1999: 21) scrive:

> Un testo tradotto, che sia prosa o poesia, di finzione o meno, viene giudicato accettabile dalla maggior parte degli editori, dei recensori e dei lettori quando si legge scorrevolmente, quando l'assenza di qualunque peculiarità linguistica e stilistica fa in modo che sembri trasparente, che rifletta la personalità dello scrittore straniero o la sua intenzione o il significato essenziale del testo straniero: in altre parole quando abbia l'apparenza di non essere, di fatto, una traduzione, bensì l'originale.

C'è un paradosso qui. Spesso, nella mia esperienza di lettrice innanzitutto, ma anche di studiosa di traduzione, mi sono imbattuta in traduzioni – ad opera dello stesso traduttore - di autori profondamente diversi stilisticamente e quelle traduzioni mi sembravano

The paradox is that sometimes translators become visible and authors invisible.

With poetry translation, the fundamental aspect of the aesthetic function of poetic texts should also be emphasized, created, for example, through a wise use of sound devices that should be maintained in the translation.

In class, I use translations of classical texts from English to Italian and from Italian to English to illustrate the considerations of André Lefevere on poetic translation in his book *Translating Poetry: Seven Strategies and a Blueprint* (1975). The seven strategies – phonemic translation, literal translation, metric translation, prose translation, rhyming translation, free verse translation and interpretation – when applied to some extracts of classical texts translated into English or Italian, show how difficult a task it can be.

'The Raven' by Edgar Allan Poe is a main focus here, and for several reasons. The first is that Poe is considered a master in the art of sound and musical effects. Poe himself has repeatedly highlighted that music and poetic expression are intimately connected.

Poe also left us a precious document 'The Philosophy of Composition', in which he explains in detail how that poem was born. Poe leaves nothing to chance, illustrating in a meticulous, almost obsessive way, the creation of poetry by comparing it to a 'mathematical problem'. He explains, with precision and without the possibility of interpretative errors, his intentions, the desired effect, the tone and atmosphere, the choice of individual words and the refrain, the versification, the rhymes, the importance of alliteration, of the assonance, consonance and onomatopoeia.

'The Raven' tells a story, but it is mostly on the form that Poe has focused and this cannot be ignored in translation.

I have selected two translations, those of Antonio Bruno and that of Tommaso Pisanti, to illustrate the challenge of the translator. It will be seen neither version of the first verse of 'The Raven' is true to the wishes expressed by Poe.

molto simili. In pratica, vi si riconosceva lo stile, non dell'autore, ma del traduttore che aveva appiattito testi fortemente dissimili.

Il paradosso è che a volte i traduttori diventano visibili e gli autori invisibili.

Con traduzione di poesie, sottolineato l'aspetto fondamentale della funzione estetica dei testi poetici, creata, ad esempio, attraverso un sapiente uso di espedienti sonori che dovrebbero essere mantenuti nei testi di arrivo.

In classe propongo alcune traduzioni di testi classici dall'inglese all'italiano e dall'italiano all'inglese partendo dalle considerazioni di André Lefevere sulla traduzione poetica contenute nel lavoro fondamentale *Translating Poetry: Seven Strategies and a Blueprint* (1975). Le sette strategie segnalate da Lefevere (traduzione fonemica, traduzione letterale, traduzione metrica, traduzione in prosa, traduzione in rima, traduzione in versi liberi e interpretazione) quando applicato ad alcuni estratti di testi classici tradotti in inglese o in italiano, mostrano quanto possa essere difficile un compito.

È, però, su 'The Raven', che mi sono soffermata maggiormente e per diversi motivi. Il primo è che Edgar Allan Poe è considerato un maestro nell'arte degli effetti sonori e musicali. Lo stesso Poe ha più volte evidenziato che la musica e l'espressione poetica sono intimamente connesse.

Poe ci ha lasciato un documento prezioso, *The Philosophy of Composition*, in cui spiega in dettaglio come è nata quella poesia. Poe non lascia nulla al caso, illustrando in modo minuzioso, quasi ossessivo, la creazione della poesia paragonandola a un 'problema matematico'. Spiega, con precisione e senza possibilità di errori interpretativi, le sue intenzioni, l'effetto desiderato, il tono e l'atmosfera, la scelta delle singole parole e del ritornello, la versificazione, le rime, l'importanza dell'allitterazione, dell'assonanza, della consonanza e dell'onomatopea.

'The Raven' racconta una storia, ma è soprattutto sulla forma che Poe si è concentrato e questo non può essere ignorato in traduzione.

> *Once upon a midnight dreary, while I pondered weak and weary,*
> *Over many a quaint and curious volume of forgotten lore,*
> *While I nodded, nearly napping, suddenly there came a tapping,*
> *As of some one gently rapping, rapping at my chamber door.*
> *"Tis some visitor,' I muttered, 'tapping at my chamber door' –*
> *Only this, and nothing more.*

Antonio Bruno –
> *Una volta in una fosca mezzanotte, mentre io meditavo, debole e stanco/*
> *sopra alcuni bizzarri e strani volumi d'una scienza dimenticata/*
> *mentre io chinavo la testa, quasi sonnecchiando – d'un tratto, sentii un colpo leggero/*
> *come di qualcuno che leggermente picchiasse – picchiasse alla porta della mia camera/*
> *-- « È qualche visitatore – mormorai – che batte alla porta della mia camera » /*
> *Questo soltanto, e nulla più.*

Tommaso Pisanti –
> *Una volta, in una tetra mezzanotte, mentre meditavo, stanco e sconsolato/*
> *su molti strani e astrusi volumi d'obliata sapienza,/*
> *mentre, sonnecchiando, già il capo mi si chinava, mi riscosse d'improvviso un battito leggero,/*
> *come d'uno che bussasse sommesso alla porta della mia stanza./*
> *"E' un visitatore," borbottai, "che bussa alla porta della mia stanza –/*
> *solo questo e nulla più."*

In these versions, everything that Poe writes in *The Philosophy of Composition* is hopelessly lost because every element is ignored.

Translating poetry is a complex task and maintaining a balance between form and content is a considerable challenge. Umberto Eco states that "there may be translations that, in order to maintain meter and rhyme, lose highly 'poetic' images that are realized at the level of the contents" (Eco 1995: 142), but, although his consid-

Ho selezionato due traduzioni, quella di Antonio Bruno e quella di Tommaso Pisanti, per illustrare la sfida del traduttore. Si vedrà che nessuna versione del primo verso di 'The Raven' è fedele ai desideri espressi da Poe.

> *Once upon a midnight dreary, while I pondered weak and weary,*
> *Over many a quaint and curious volume of forgotten lore,*
> *While I nodded, nearly napping, suddenly there came a tapping,*
> *As of some one gently rapping, rapping at my chamber door.*
> *''Tis some visitor,' I muttered, `tapping at my chamber door -*
> *Only this, and nothing more.*

Antonio Bruno –
> *Una volta in una fosca mezzanotte, mentre io meditavo, debole e stanco/*
> *sopra alcuni bizzarri e strani volumi d'una scienza dimenticata/*
> *mentre io chinavo la testa, quasi sonnecchiando - d'un tratto, sentii un colpo leggero/*
> *come di qualcuno che leggermente picchiasse - picchiasse alla porta della mia camera/*
> *-- « È qualche visitatore - mormorai - che batte alla porta della mia camera » /*
> *Questo soltanto, e nulla più.*

Tommaso Pisanti –
> *Una volta, in una tetra mezzanotte, mentre meditavo, stanco e sconsolato/*
> *su molti strani e astrusi volumi d'obliata sapienza,/*
> *mentre, sonnecchiando, già il capo mi si chinava, mi riscosse d'improvviso un battito leggero,/*
> *come d'uno che bussasse sommesso alla porta della mia stanza./*
> *"E' un visitatore," borbottai, "che bussa alla porta della mia stanza –/*
> *solo questo e nulla più."*

In queste versioni, tutto che Poe scrive in *The Philosophy of Composition* perde irrimediabilmente senso perché ogni elemento viene ignorato.

erations are impeccable, there are several cases where the form amplifies the meaning, where the form is meaning. 'The Raven' is a prime example of this.

One of Poe's greatest desires was, as already mentioned, to combine music and poetry and the American author has tried to fulfill this desire in many of his works, even in prose. In 'The Poetic Principle', Poe dwells on the importance of rhythm and states that meter, rhythm and rhyme are of fundamental importance in poetry and that no one can afford to consciously put them aside.

A contemporary English author, Neil Gaiman, a great admirer of Poe, states that there are secrets and tricks to appreciating Poe to the fullest. He reveals one in particular, one of the most important:

> Read him aloud. Read the poems aloud. Read the stories aloud. Feel the way the words work in your mouth, the way the syllables bounce and roll and drive and repeat, or almost repeat. Poe's poems would be beautiful if you spoke no English (indeed, a poem like 'Ulalume' remains opaque even if you do understand English — it implies a host of meanings, but does not provide any solutions). Lines which, when read on paper, seem overwrought or needlessly repetitive or even mawkish, when spoken aloud reshape and reconfigure.

If almost all the sound effects – or indeed other key elements of the original – vanish in the translation, it has to be considered a great loss.

[Linda Barone is Associate Professor at the University of Salerno and co-editor of Correnti Incrociate 2: The Salerno Project.]

Tradurre la poesia è un compito complesso e mantenere un equilibrio tra forma e contenuto è una sfida non indifferente. Umberto Eco afferma che "ci possono essere traduzioni che, per mantenere metro e rima, perdono immagini, appunto, altamente 'poetiche' che si realizzano al livello dei contenuti" (Eco 1995: 142), ma, per quanto le sue considerazioni siano inappuntabili, ci sono diversi casi in cui la forma amplifica il significato, in cui la forma è significato e 'The Raven' ne è un esempio lampante.

Uno dei desideri più grandi di Poe era, come già detto, unire musica e poesia e l'autore americano ha tentato di realizzare questo suo desiderio in molte delle sue opere, anche in quelle in prosa. Nel già citato *The Poetic Principle*, Poe si sofferma sull'importanza del ritmo e afferma che metro, ritmo e rima sono di rilevanza fondamentale in poesia e che nessuno può permettersi di metterli da parte in modo consapevole.

Un autore inglese contemporaneo, Neil Gaiman, grande estimatore di Poe, afferma che esistono dei segreti, dei trucchi per apprezzare Poe al massimo e ce ne svela uno in particolare, uno dei più importanti:

> Leggetelo ad alta voce. Leggete le poesie ad alta voce. Leggete le storie ad alta voce. Sentite come funzionano le parole nella vostra bocca, il modo in cui le sillabe rimbalzano e rotolano e si ripetono, o quasi. Le poesie di Poe sarebbero bellissime anche se non si parlasse inglese. (In effetti, una poesia come 'Ulalume' rimane oscura anche se si conosce l'inglese - sottintende una serie di significati, ma non fornisce alcuna soluzione). I versi che, letti sulla carta, sembrano esagerati o inutilmente ripetitivi o addirittura sdolcinati, quando vengono pronunciati ad alta voce si rimodellano e si riconfigurano.

Si nella traduzione svaniscono quasi tutti gli effetti sonori è da considerarsi una perdita assoluta.

[Linda Barone, Professore associato presso l'Università degli Studi di Salerno è co-redattrice di Correnti Incrociate 2: The Salerno Project.]

Understanding poetry
Miriam Calleja

When you say that you do not understand poetry
I hear: I don't understand the world,
or anything in it.
Bring me a new one.

Capire la poesia
Traduzione di Iryna Ignatenko

Quando dici che non capisci la poesia
Io intendo: non capisco il mondo,
e nulla di esso.
Portamene uno nuovo.

18 Rich
RS Thomas

I am a millionaire.
My bedroom is full of gold
light, of the sun's jewellery.
What shall I do with this wealth?
Buy happiness, buy gladness,
the wisdom that grows with the giving
of thanks? I will convert
a child's holding to the estate
of a man, investing the interest
in the child mind. Beyond this
room are the arid sluices
through which cash pours and the heart
desiccates, watching it pass.
Men draw their curtains against
beauty. Ah, let me, when night
comes, offer the moon
unhindered entry through trust's
windows so I may dream
silver, but awake to gold.

Ricco
Traduzione di Iryna Ignatenko

Sono un milionario.
In camera mia c'è luce,
il sole la riempie d'oro e d'altri gioielli.
A cosa servono queste ricchezze?
Ci compro felicità, ci compro letizia,
la saggezza che cresce quando rendi
grazie? Trasformerei
gli averi di un bambino nella ricchezza di
un adulto, dove il miglior investimento
è nella mente del bambino. Al di là di questa stanza
ci sono aride paratoie,
attraverso le quali il denaro sgorga e il cuore
si prosciuga, guardandolo scorrere.
Uomini tirano le tende davanti
alla bellezza. Oh, lasciami, quando viene la
notte, offrire alla luna
un ingresso senza ostacoli attraverso le finestre
della verità così che io possa sognare
d'argento, e svegliarmi nell'oro.

At the end
RS Thomas

Few possessions: a chair,
a table, a bed,
to say my prayers by,
and, gathered from the shore,
the bone-like, crossed sticks
proving that nature
acknowledges the Crucifixion.
All night I am at
a window not too small
to be frame to the stars
that are no further off
than the city lights
I have rejected. By day
the passers-by who are not
pilgrims, stare through the rain's
bars, seeing me as prisoner
of the one view, I who
have been made free
by the tide's pendulum truth
that the heart that is low now
will be at the full tomorrow.

Alla fine
Traduzione di Iryna Ignatenko

Pochi averi: una sedia,
un tavolo, un letto,
dove recito le mie preghiere,
e, raccolte sul litorale, delle
mazze incrociate, simili a ossa,
che dimostrano che la natura
accetta la Crocefissione.
Tutta la notte la passo
alla finestra abbastanza grande
da fare da cornice alle stelle
che non sono più lontane
delle luci della città
che ho abbandonato. Di giorno
i passanti che non sono pellegrini,
attraverso le sbarre di pioggia, mi
fissano come se fossi prigioniero
di un'idea sola, me, che
la verità della marea oscillante
ha reso un uomo libero:
il cuore che oggi è a terra
si rialzerà domani.

22   His death on the midnight news
Gillian Clarke

(For the poet R. S. Thomas, 1913 - 2000)

His death
on the midnight news.
Suddenly colder.

Gold September's driven off
by something afoot
in the south-west approaches.

God's breathing in space out there
misting the heave of the seas
dark and empty tonight,

except for the one frail coracle
borne out to sea,
burning.

Miracle on St David's Day
Gillian Clarke

*'They flash upon that inward eye
which is the bliss of solitude'*
(from 'The Daffodils' by William Wordsworth)

An afternoon yellow and open-mouthed
with daffodils. The sun treads the path
among cedars and enormous oaks.
It might be a country house, guests strolling,
the rumps of gardeners between nursery shrubs.

I am reading poetry to the insane.

La sua morte al notiziario di mezzanott
Traduzione di Carmen De Rosa e Antonella Pontecorvo

(Al poeta R. S. Thomas, 1913 – 2000)

La sua morte
al notiziario di mezzanotte.
All'improvviso il gelo.

L'aureo settembre è spazzato via
da qualcosa in corso
nelle acque di sud-ovest.

Dio respira nello spazio là fuori
appannando l'impeto dei mari
stanotte bui e vuoti,

tranne che per un'unica fragile barchetta
trasportata in mare,
ardente.

Miracolo nel Giorno di San Davide
Traduzione di Carmen De Rosa e Antonella Pontecorvo

'Essi appaiono davanti a quell'occhio interiore
che è la beatitudine della solitudine'
(da 'I Narcisi' di William Wordsworth')

Un pomeriggio coi gialli narcisi
dalla bocca aperta. Il sole calpesta il sentiero
tra cedri ed enormi querce.
Potrebbe essere una casa di campagna, ospiti che passeggiano,
i sederi dei giardinieri tra le piante del vivaio.

Sto leggendo poesie ai folli.

An old woman, interrupting, offers
as many buckets of coal as I need.
A beautiful chestnut-haired boy listens
entirely absorbed. A schizophrenic

on a good day, they tell me later.
In a cage of first March sun a woman
sits not listening, not feeling.
In her neat clothes the woman is absent.
A big, mild man is tenderly led

to his chair. He has never spoken.
His labourer's hands on his knees, he rocks
gently to the rhythms of the poems.
I read to their presences, absences,
to the big, dumb labouring man as he rocks.

He is suddenly standing, silently,
huge and mild, but I feel afraid. Like slow
movement of spring water or the first bird
of the year in the breaking darkness,
the labourer's voice recites 'The Daffodils'.

The nurses are frozen, alert; the patients
seem to listen. He is hoarse but word-perfect.
Outside the daffodils are still as wax,
a thousand, ten thousand, their syllables
unspoken their creams and yellows still.

Forty years ago, in a Valleys school,
the class recited poetry by rote.
Since the dumbness of misery fell
he has remembered there was a music
of speech and that once he had something to say.

When he's done, before the applause, we observe
the flowers' silence. A thrush sings
and the daffodils are flame.

Un'anziana signora, interrompendo, offre
tutti i secchi di carbone di cui ho bisogno.
Un bellissimo ragazzo dai capelli castani ascolta
interamente assorto. Uno schizofrenico

in una buona giornata, mi dicono più tardi.
In una gabbia del primo sole di marzo una donna
siede senza ascoltare, senza provare nulla.
Nei suoi vestiti puliti la donna è assente.
Un uomo grosso e pacato è condotto teneramente

alla sua sedia. Non ha mai parlato.
Le mani da operaio sulle ginocchia, ondeggia
dolcemente al ritmo delle poesie.
Leggo in loro presenza, assenza,
al grosso, muto operaio mentre ondeggia.

All'improvviso si alza, silenziosamente,
grosso e pacato, ma mi spaventa. Come il lento
movimento dell'acqua di sorgente o del primo uccello
dell'anno nell'oscurità che si rompe,
la voce dell'operaio recita 'I Narcisi'.

Le infermiere sono paralizzate, attente; i pazienti
sembrano ascoltare. È rauco ma recita a memoria.
Fuori i narcisi sono immobili come cere,
mille, diecimila, le loro sillabe
silenziose, le gialle bocche e i bianchi petali immobili.

Quaranta anni fa, in una scuola del Galles,
la classe recitava poesie a memoria.
Da quando è sparito il silenzio della sofferenza
si è ricordato che c'era una melodia
di parole e che un tempo aveva qualcosa da dire.

Quando ha finito, prima dell'applauso, osserviamo
il silenzio dei fiori. Un passero solitario canta
e i narcisi sono fiamme.

hate there's only hate
George T Sipoș

hate there's only hate
the round-faced man with a baseball cap
his eyes red his elbow strangling the other
murderous hatred keeping the fatherland move forward
for hundreds of years or so
brokenhearted failed experiment of humanity
still crawling through history
agonizing endlessly
so many stories oh so many stories
that we knew by heart
that's how much we heard them so many times
we grew up with them and believed them
with all our hearts
boys selling newspapers to get rich
and equality real equality
and opportunity for everyone
we wanted to believe that there was a place called america
better than the one we lived in
better than the one where a handful of people mattered
but in america in america we knew
all people mattered regardless of their words
and their skin and their god
and you only needed to be strong
and work hard and everything would be ok.

here we are again at our dining room table
George T Sipoș

here we are again at our dining room table
sitting coffee mug in hand – you want me to make the one you
bought at aldi

odio c'è solo odio

Traduzione di Carmen De Rosa e Antonella Pontecorvo

odio c'è solo odio
l'uomo dal viso tondo con un cappello da baseball
gli occhi rossi il gomito che strangola l'altro
una furia omicida che fa avanzare la patria
per centinaia d'anni o giù di lì
un fallimentare esperimento dell'umanità che spezza il cuore
che ancora si trascina nella storia
tormentandosi all'infinito
quante storie oh quante storie
che conoscevamo a memoria
questo dimostra che per quante volte le abbiamo sentite
siamo cresciuti con esse e ci abbiamo creduto
con tutti i nostri cuori
i ragazzi vendevano giornali per arricchirsi
e l'uguaglianza vera e propria
e le opportunità per tutti
volevamo credere che ci fosse un posto chiamato america
migliore di quello in cui vivevamo
migliore di quello in cui solo poche persone contavano
ma in america sapevamo che in america
tutti contavano indipendentemente dalle loro parole
e dalla loro pelle e dal loro dio
e avevi solo bisogno di essere forte
e lavorare duro e tutto sarebbe andato bene.

eccoci di nuovo seduti al tavolo della nostra sala da pranzo

Traduzione di Gaia Maiorano, Federica Petrosino e Federica Testa

eccoci di nuovo seduti al tavolo della nostra sala da pranzo
con in mano una tazza di caffè – vuoi che prepari quello che hai
comprato da aldi

with vanilla and crème brulée flavors an abomination but I make it for you
i'm always in charge of the morning coffee –
we parted ways in the bedroom from the conjugal bed to the bathroom
and to lifting the blinds and staring outside temporarily blinded by the morning light
a solitary buck passes through the backyard always in the same mysterious direction
passed the pond and the trees way back and we can't help wondering
where he might be going on a sunday morning so determined
so seemingly convinced that he is on a mission
we made fun of your morning read
something involving adorno and negative identity
and talked briefly about whiteness our bodies still wet and hot
what a marvelous set of essays we could write i said
we can call the book coffee sex and adorno sunday morning musings
no capital letters no punctuation completely fancy stuff the kind only true literati
only true intellectuals write and read…
who's gonna read all that anyway you huffed
then pulled the blanket up all the way up to cover yourself
and then rebuffed my reproachful look i'm cold you said it's cold in this house
i sat there waiting for you at the table
the one we got at the end of our street in japan
in that neighborhood where we lived in miyoshi
maybe it's made in japan we thought but that label said made in vietnam
we bought it and dragged it all over the world wherever we went
same sundays everywhere same coffee sans vanilla and crème brulée
coffee sex and adorno… but who's gonna read all that…

al gusto di vaniglia e crème brûlé un abominio ma lo faccio per te
mi occupo sempre del caffè al mattino –
abbiamo lasciato il letto coniugale per recarci in bagno
e per sollevare le tendine e fissare fuori momentaneamente accecati dalla luce del mattino
un cervo solitario attraversa il giardino sempre nella stessa misteriosa direzione
da un pezzo ha superato lo stagno e gli alberi e non possiamo fare a meno di chiederci
dove potrebbe andare una domenica mattina così determinato
così apparentemente convinto di essere in missione
abbiamo riso della tua lettura mattutina
qualcosa che ha a che fare con adorno e la dialettica negativa
abbiamo brevemente parlato della bianchezza dei nostri corpi ancora bagnati e caldi
che meravigliosa serie di componimenti potremmo scrivere dissi
potremmo chiamare il libro caffè sesso e adorno riflessioni della domenica mattina
niente lettere maiuscole niente punteggiatura roba totalmente raffinata che solo i veri letterati
solo i veri intellettuali scrivono e leggono…
ad ogni modo chi leggerà tutto questo hai sbuffato
poi hai tirato su il lenzuolo fino in cima per coprirti
e poi hai respinto il mio sguardo di rimprovero ho freddo hai detto fa freddo in questa casa
mi sono seduto lì ad aspettarti al tavolo
quello che abbiamo comprato in fondo alla nostra strada in giappone
in quel quartiere dove vivevamo a miyoshi
forse è stato prodotto in giappone abbiamo pensato ma l'etichetta dice made in vietnam
l'abbiamo comprato e trascinato in tutto il mondo dovunque andassimo
stesse domeniche dappertutto stesso caffè senza vaniglia e crème brûlé
caffè sesso e adorno…ma chi leggerà tutto questo…

All and any slants
Mary Louise Kiernan

*Drafted then read during a virtual visit
to Emily Dickinson's bedroom*

Two glass windows
My single glass door—
Un-curtained in Winter—
Welcome all and any slants
Of bonny beams—Solar or Lunar

Come with me onto the Porch
The Lake not mine—yet Mine—
To see—hear—inhale—whence
Breezes—brisk soon balmy—
Shall wind around Us—

Tutte le eventuali inclinazioni

Traduzione di Gaia Maiorano, Federica Petrosino e Federica Testa

*Redatto e letto durante una visita virtuale
alla camera da letto di Emily Dickinson*

Due finestre di vetro
La mia singola porta di vetro—
Senza tende in Inverno—
Accolgono tutte le eventuali inclinazioni
Di radiosi raggi—Solari o Lunari

Vieni con me sul Portico
Il Lago non mio—eppure Mio—
A vedere—udire—inalare—ove
Brezze—pungenti presto pacate—
Si avvolgeranno intorno a Noi—

The Translation
Mary Louise Kiernan

You are going to pierce infinity!
~ Juan Felipe Herrera

The translation
of my drawing
requires words
to mark markings
on bone-leather
cockled parchment.
Writing tight
on folded paper
recalls Wearever
script on feathery
airmail letters;
I have no language
to explain inexplicable.
Concentrate:
translate, relate,
calculate, collate,
contemplate, manipulate,
devastate, mutilate.
Our poet teacher schools:
"Question marks are loud!"
Sounds on the page:
tapping of instruments,
racket on wood,
minds penning.
But who will unfold
the parchment
to hear me?

La Traduzione

*Traduzione di Gaia Maiorano,
Federica Petrosino e Federica Testa*

Perforerai l'infinito!
~ Juan Felipe Herrera

La traduzione
del mio disegno
richiede parole
per segnare i segni
su pergamena
osso cuoio increspata.
Scrittura sottile
su carta piegata
ricorda la grafia
delle Wearever su lettere
lievi di posta aerea;
Non ho linguaggio
per spiegare l'inspiegabile.
Concentrati:
traduci, relaziona,
calcola, collaziona,
contempla, manipola,
devasta, mutila.
Il nostro maestro poeta insegna:
"I punti interrogativi fanno rumore!"
Suoni sulla pagina:
colpi di strumenti,
fracasso sul legno,
menti che scrivono.
Ma chi dispiegherà
la pergamena
per ascoltarmi?

Village of Silence
John Eliot

I can hear the rain. I think it is the rain.
It may be the wind. The morning's wind
in this village of silence is strong;
makes to flatten hedges of fields where sheep once roamed.

Mark's sheep. When Mark was alive. He took his gun
blew out his brains when no-one would listen.

Did we even hear the bullet,
his only, and final, piece of art.
I have nothing to tell you. Not really.
And if I did say what I really wanted to. Is there anybody there?

Villaggio del Silenzio

Traduzione di Gaia Maiorano, Federica Petrosino e Federica Testa

Posso sentire la pioggia. Penso che sia la pioggia.
Potrebbe essere il vento. Il vento del mattino
in questo villaggio del silenzio è assordante;
fa appiattire siepi di campi dove un tempo vagavano le pecore.

Le pecore di Mark. Quando Mark era vivo. Prese la sua pistola
si fece saltare il cervello, nessuno gli prestava ascolto.

Udimmo persino il proiettile,
la sua unica, e ultima, opera d'arte.
Non ho nulla da dirvi. Affatto.
E se dicessi ciò che davvero vorrei. C'è qualcuno lì?

Bernard Prickett
John Eliot

As a child, watching,
I always knew
Bernard Prickett
Never was going to be
Friends with my dad.
No cheery, 'Hello!'
On the bus to the centre of Leicester.
Bernard's Brylcreemed flat back black hair,
Council office suits, slim and upright.
My dad, factory overalls, seven o'clock start.
Pillar of the community was Bernard. Find
Him in the new brick built Baptist church
Second pew, Sunday Morning, Prickett row,
Bernard, Edwina and son, Carl.
Bernard had loved the War.
Not a soldier he,
Reserved Council occupation to carry
The British spirit to 1955.
Every Christmas. Every Easter. Bernard
Brought us all together, The
Community Hall Show.
A laugh, a song, a tap dance or two.
And a raffle. My
Mother taught tap dancing
A la Fred Astaire, music from an
Andrews Sisters newest hit.
Bernard had his Ginger Rogers. Saw him
Kissing her backstage.
Never did tell my father.

Bernard Prickett

*Traduzione di Gaia Maiorano,
Federica Petrosino e Federica Testa*

Da bambino, osservando,
Ho sempre saputo
Bernard Prickett
Mai sarebbe stato
Amico di mio padre.
Nessun allegro, 'Ciao!'
In autobus per il centro di Leicester.
I suoi capelli corvini laccati e ammaccati
Completi da ufficio comunale, slanciati e dritti.
Mio padre, tuta da lavoro, inizio alle sette.
Pilastro della comunità era Bernard. Lo si trova
Nella nuova chiesa Battista in mattoni
Seconda panca, Domenica Mattina, fila Prickett,
Bernard, Edwina e figlio, Carl.
Bernard aveva amato la guerra.
Non un soldato lui,
Occupazione riservata del Consiglio sostenendo
Lo spirito britannico fino al 1955.
Ogni Natale. Ogni Pasqua. Bernard
Ci portava tutti insieme, Il
Community Hall Show.
Una risata, una canzone, uno o due balli di tip-tap.
E una lotteria. Mia
Madre insegnava tip-tap
Alla Fred Astaire, musica da
una nuova hit delle Andrews Sisters.
Bernard aveva la sua Ginger Rogers. Lo vidi
Baciarla dietro le quinte.
Non l'ho mai detto a mio padre.

Märchen
Andreea Iulia Scridon

She lived so many lives
in such a long day:
the rooster crowed over and over,
the dog responded to the rooster in short,
wars, epidemics passed over the land she walked over,
the leaves of apple branches vibrated on panes,
life renewed itself again and again.
The old Earth slowed,
a machine in a factory, organ by organ,
as night descended
with no concern for trivialities.
Even minute demons,
dropping from the crescent moon,
scurried back to their shelters
sensing the end of their zodiac.
Haystacks, meanwhile, perked up in the dark,
tits of witches. Crickets laughed pensive in a choir.

A man carried a woman on his shoulders
across the entire planet's shaggy grass,
wrapped in the earth's fur –
the cautious man always thinks
of the melody that is to come,
suggesting the beginning
of peaceful and harmonious civilization:
the mossy boulder is their nightstand.
Under her spine the earth rolls once, twice, thrice,
she has known currents on both riversides
without understanding what direction they suggest.

She has known –
A man carried a woman on his shoulders
across the entire planet's shaggy grass.

Märchen

Traduzione a cura di Martina Carlomagno, Gerardina Fruncillo, Giovanna Morrone e Virginia Vitale

Lei ha vissuto così tante vite
in un giorno così lungo:
il gallo cantava più e più volte,
il cane rispondeva frettolosamente al gallo,
guerre, epidemie si diffondevano sul suolo che lei percorreva,
le foglie dei rami di melo vibravano sui vetri,
la vita si rigenerava ancora e ancora.
L'anziana Terra rallentava,
come una macchina in una fabbrica, organo per organo,
mentre la notte scendeva
senza curarsi delle trivialitá.
Persino i minuscoli demoni,
scendendo dalla luna crescente,
si affrettavano ai loro rifugi
percependo la fine del loro zodiaco.
I mucchi di fieno, nel frattempo, si rianimavano nel buio,
come tette di streghe. I grilli ridevano malinconici in coro.

Un uomo portava una donna sulle spalle
tra la pungente erba dell'intero pianeta,
avvolto nel manto terrestre -
l'uomo prudente pensa sempre
alla melodia che verrà,
suggerendo l'inizio
di una civiltà pacifica e armoniosa:
il masso muschiato è il loro comodino.
Sotto la sua spina dorsale la terra rotola una, due, tre volte,
ha conosciuto le correnti su entrambe le rive del fiume
senza capire che direzione le suggerissero.

Lei ha saputo -
Un uomo portava una donna sulle sue spalle
tra la pungente erba dell'intero pianeta.

Loosening and Tightening
Andreea Iulia Scridon

the body a beautiful tumor,
won at chance
at a card game in lucky humor,

the ultra-violet rays in a complicit glance
allow our gazes to meet
over many miles and years by a prolonged dance

so that after our link has begun to unpleat
we violate each other with telepathy
even after our memory has melted by time's heat,

long after the clock man's melody
tips off the margins of the world, belated
once you've reached that sort of polarity,

shrunken or enlarged, emancipated,
eroded chastity belt, love is an abortion
that lasts nine months once terminated,

a birth timed from its start in reversion
before the parting signaled by the dove,
we forcepped what we could in overexertion:

your words not words of love
but meticulously architected, so that
to be indelible from my retina, ears, memory, all of

a card-castle in my larimar eye.
you were always such a cat,
evil but shy,

the expression in your eyes so labradorite,

Tira e molla

*Traduzione di Martina Carlomagno
e Giovanna Morrone*

il corpo, uno splendido tumore,
per puro caso è uscito trionfante
a una partita a carte in suo favore,

i raggi ultravioletti con un'occhiata ammiccante
ai nostri sguardi di incrociarsi danno occasione
oltre lo spazio e il tempo, in una danza estenuante

così che non appena ha iniziato a sciogliersi la nostra connessione
ci violiamo l'un l'altra con la telepatia
anche dopo che il calore del tempo porterà la nostra memoria
alla fusione,

molto dopo che l'orologio umano con la sua melodia
i margini del mondo, in ritardo, avrà svelato
non appena avrai raggiunto quella sorta di dicotomia,

rimpicciolito o ingrandito, emancipato,
cintura di castità erosa; l'amore è un aborto
che dura nove mesi una volta terminato,

una nascita, misurata dal suo inizio retrospettivamente
prima del commiato segnalato dalla colomba,
abbiamo forzato ciò che potevamo faticosamente:

le tue non sono parole amorevoli
ma così architettate meticolosamente
da essere per la mia retina, per le orecchie, per la memoria, per
tutto indelebili

un castello di carte nel mio occhio cristallino.
sei sempre stato timido, ma diabolicamente,
proprio come un felino,

and because it's been so long
since I last saw you, you're now drenched in pyrite,

starting to grow a halo in my soft touch
from being left in a pocket
and washed so much

does it hurt to grow a halo?
Does it pain you?

l'espressione nei tuoi occhi è di labradorite,
e poiché è passato così tanto tempo
dall'ultima volta che ti ho visto, adesso sei inzuppato di pirite,

inizia a crescere un'aura nel mio tocco delicato
dall'essere lasciato in una tasca
ed essere stato per troppo lavato

fa male far crescere un'aura?
Ti fa soffrire?

Backspace
Karen Gemma Brewer

Back when there were shops
and people still shook hands
I would drive a white, wheeled car
to a small market town.

Back when food was solid
and vegetables still grew
we'd natter in a café
pay money from a queue.

Back when there was paper
and some of us might vote
we'd write each other stories
pass kisses on our notes.

Back when there was courtship
and hearts still to be won
you tipped my fingers tender
into your open palm.

Back when there was birdsong
and weather that could change
we watched together cling films
beneath our love's sweet reign.

Back when time was counted
and day took turns with night
goose-skin bumped to skin, we slept
in silence not disquiet.

Back when there were children
and death could cheat machines
we promised we would throw the switch
but logged-in to our dreams.

Backspace

*Traduzione di Martina Carlomagno
e Giovanna Morrone*

Quando ancora esistevano i negozi
e le persone si stringevano la mano
guidavo una macchina bianca con le ruote
verso una piccola città di mercato.

Quando ancora il cibo era solido
e le piante si potevano coltivare
chiacchieravamo in una caffetteria
facevamo la fila per pagare.

Quando ancora ci si firmava sulla carta
e alcuni di noi potevano votare
ci scrivevamo storie
con le parole ci si poteva baciare.

Quando ancora c'erano i corteggiamenti
e i cuori da conquistare
teneramente sfioravi le mie dita
nel tuo palmo aperto.

Quando ancora gli uccelli cantavano
e il tempo poteva variare
vedevamo la vita scorrere tenendoci stretti
sotto la dolce pioggia del nostro amore.

Quando ancora era contato il tempo
e il giorno alla notte alternato
pelle d'oca sulla pelle, dormivamo
in un silenzio indisturbato.

Quando ancora c'erano i bambini
e la morte poteva ingannare i macchinari
ci siamo promessi che ci saremmo fermati
ma abbiamo fatto l'accesso ai nostri sogni.

Back then we were human
and thought we'd still be free
down souled to books of faces
in virtual libraries.

I'll Never Stay at the Dorchester
Karen Gemma Brewer

I'll never stay at the Dorchester
it's built on stones of death
Sharia Law is an evil force
in the hands of evil men
if you kill in the name of god
it's murder just the same
Milly and Mo, Jack and Joe
there's no crime in being gay
Deuteronomy is ancient history
we don't sacrifice goats today
Milly and Mo, Jack and Joe
there's no crime in being gay

Woman or man, womanly man
manly woman or trans
stitch something on, turn it inside out,
cut them off or have implants
it's right to be whoever you are
live your life, take your own stance
for personality in all reality
is in your head not in your pants
Deuteronomy is ancient history
we don't sacrifice goats today
Milly and Mo, Jack and Joe
there's no crime in being gay

Sisters and brothers and all the others

Allora eravamo umani
e pensavamo di essere ancora liberi
anime scaricate nel libro dei volti
in biblioteche virtuali.

Non alloggerò mai al Dorchester
Traduzione di Gerardina Fruncillo e Virginia Vitale

Non alloggerò mai al Dorchester
si erge sulle pietre della morte
la legge della Sharia è una forza malvagia
in mano a uomini malvagi
anche se uccidi in nome di dio
è pur sempre un omicidio
Milly e Mo, Jack e Joe
non è un reato essere gay
il Deuteronomio è storia antica
non sacrifichiamo capre oggi
Milly e Mo, Jack e Joe
non è un reato essere gay

Donna o uomo, uomo effeminato
donna mascolina o trans
cucigli sopra qualcosa, rovescialo,
recidili o impianta delle protesi
è giusto essere chiunque tu sia
vivi la tua vita, prendi la tua posizione
perché la personalità in realtà
è nella tua testa e non nelle tue mutande
il Deuteronomio è storia antica
non sacrifichiamo capre oggi
Milly e Mo, Jack e Joe
non è un reato essere gay

Sorelle e fratelli e tutta la comunità

LGBTQ+

every pebble that's thrown at one
is a rock cast at all of us
invincibility in solidarity
our mettle you can't even rust
geeks and freaks, one-off uniques
unlost, in odd we trust
Deuteronomy is ancient history
we don't sacrifice goats today
Milly and Mo, Jack and Joe
there's no crime in being gay

I'll never stay at the Dorchester.

LGBTQ+
ogni sassolino lanciato a uno
è un macigno scagliato contro tutti noi
invincibilità nella solidarietà
la nostra tempra non riuscirai neppure a scalfire
emarginati e anormali, unicità irripetibili
non perdute, nel diverso noi confidiamo
il Deuteronomio è storia antica
non sacrifichiamo capre oggi
Milly e Mo, Jack e Joe
non è un reato essere gay

Non alloggerò mai al Dorchester.

Night of the Scorpion
Nissim Ezekiel

I remember the night my mother
was stung by a scorpion. Ten hours
of steady rain had driven him
to crawl beneath a sack of rice.

Parting with his poison - flash
of diabolic tail in the dark room -
he risked the rain again.

The peasants came like swarms of flies
and buzzed the name of God a hundred times
to paralyse the Evil One.

With candles and with lanterns
throwing giant scorpion shadows
on the mud-baked walls
they searched for him: he was not found.
They clicked their tongues.
With every movement that the scorpion made his poison moved
in Mother's blood, they said.

May he sit still, they said
May the sins of your previous birth
be burned away tonight, they said.
May your suffering decrease
the misfortunes of your next birth, they said.
May the sum of all evil
balanced in this unreal world

against the sum of good
become diminished by your pain.
May the poison purify your flesh

of desire, and your spirit of ambition,

La notte dello Scorpione

Traduzione di Serena Aliberti,
Elena Gonnella e Virginia Solomita

Ricordo la notte in cui mia madre
fu punta da uno scorpione. Dieci ore
di pioggia costante lo avevano spinto
a trascinarsi sotto un sacco di riso.

Rilasciando il suo veleno - colpo
di coda diabolica nella stanza buia -
uscì rischiando di nuovo la pioggia.

I contadini accorsero come sciami di mosche
mormorando il nome di Dio centinaia di volte
per scacciare il Maligno.

Con candele e lanterne
ricreando ombre di scorpioni giganti
su muri di mattoni
lo cercarono: nessuna traccia
Schioccarono la lingua.
Ad ogni movimento dello scorpione il suo veleno scorreva nel
sangue della Madre, dissero.

Che possa stare fermo, dissero
Che i peccati della tua precedente vita
siano bruciati stanotte, dissero.
Che la tua sofferenza allievi
le disgrazie della tua prossima vita, dissero.
Possa il tuo dolore diminuire
la somma di tutti i mali
in equilibrio in questo mondo irreale

con la somma del bene.
Possa il veleno purificare la tua carne

dal desiderio e il tuo spirito dall'ambizione,

they said, and they sat around
on the floor with my mother in the centre,
the peace of understanding on each face.
More candles, more lanterns, more neighbours,
more insects, and the endless rain.
My mother twisted through and through,
groaning on a mat.
My father, sceptic, rationalist,
trying every curse and blessing,
powder, mixture, herb and hybrid.
He even poured a little paraffin
upon the bitten toe and put a match to it.
I watched the flame feeding on my mother.
I watched the holy man perform his rites to tame the poison with
an incantation.
After twenty hours
it lost its sting.

My mother only said
Thank God the scorpion picked on me
And spared my children.

dissero, e si sedettero intorno
sul pavimento con mia madre al centro,
la pace della comprensione su ogni volto.
Altre candele, altre lanterne, altri vicini,
altri insetti, e la pioggia incessante.
Mia madre si contorceva tutta,
gemendo su una stuoia.
Scettico, razionale, mio padre
provava ogni maledizione e benedizione,
polvere, miscela, erba e intruglio.
Versò persino della paraffina
sull'alluce punto e vi accese un fiammifero.
Ho visto la fiamma nutrirsi di mia madre.
Guardai lo sciamano eseguire i suoi riti per domare il veleno con
un incantesimo.
Dopo venti ore
cadde il suo pungiglione.

Mia madre disse solo
Grazie a Dio lo scorpione ha scelto me
Risparmiando i miei figli.

Poet, Lover, Birdwatcher
Nissim Ezekiel

To force the pace and never to be still
Is not the way of those who study birds
Or women. The best poets wait for words.
The hunt is not an exercise of will
But patient love relaxing on a hill
To note the movement of a timid wing;
Until the one who knows that she is loved
No longer waits but risks surrendering -
In this the poet finds his moral proved
Who never spoke before his spirit moved.

The slow movement seems, somehow, to say much more.
To watch the rarer birds, you have to go
Along deserted lanes and where the rivers flow
In silence near the source, or by a shore
Remote and thorny like the heart's dark floor.
And there the women slowly turn around,
Not only flesh and bone but myths of light
With darkness at the core, and sense is found
But poets lost in crooked, restless flight,
The deaf can hear, the blind recover sight.

Poeta, Amante, Birdwatcher

*Traduzione di: Antonella Gambardella,
Antonella Moccia e Asia Troiano*

Forzare il passo e non stare mai fermi
Non è il modo di chi studia gli uccelli
O le donne. I migliori poeti aspettano i ritornelli.
La caccia, di volontà non è esercizio
Ma amore paziente che si rilassa su un poggio
Per notare di un'ala timida il muoversi;
Finché colei che sa di essere amata
Non aspetta più, ma rischia di arrendersi -
E qui il poeta trova la sua morale provata,
Silenzioso, prima che la sua anima sia trasportata.

Il lento movimento sembra, in qualche modo, dire molto di più.
Per osservare gli uccelli più rari, devi correre
Lungo strade deserte e dove il fiume scorre
In silenzio vicino alla sorgente, o su un lido remoto
E spinoso come del cuore il pavimento ignoto.
E lì le donne si girano lentamente,
Non solo carne ed ossa ma mito di luce
Con l'oscurità al centro, e il senso nascente
Ma i poeti si sono persi in un volo inquieto e truce,
Il sordo può sentire, il cieco la vista produce.

The Players
Menna Elfyn

(Donetsk 2011)

The trouble with war is
'someone, somewhere must sweep up the mess' –
a woman's gut, the age of man or its
legacy of monuments – *The Players*,
as my son called them, when we breezed past
a man with a gun on the square in Aberbanc.

Today, the men are in tanks
and I'm back in Donetsk, giving thanks to a statue-
my compass at the crossroads.
I turn right; wave *bore da* to Lenin,
boorish from his dusting of snow.
But his patrons still peck away peace – pigeons
beat their wings at his crown; restless feathers
whip his blanket to a blizzard.

A girl from Odessa stops by. We walk
to the college and she laughs as I, on tenterhooks,
cross the crystal ice. She, in high heeled boots,
bustles over bones she knows to her marrow.
What bones? I ask. *Oh the tombstones of Jews
form the footings so he soars.*

And towering tonight, the thought
of how I played on the word *Odessa*
as it still plays afresh on my mind. *Ôd-Snow*
I said, *will melt to Tes. The sunshine must come again soon.*
A torrent of wordplay. The teasing apart
of Ukraine's second fiddle to Russia's knack of burying truth.
                                        Pure irony.

Pure? The players have found their feet.

I Giocatori

Traduzione di: Antonella Gambardella,
Antonella Moccia e Asia Troiano

(Donetsk 2011)

Il problema con la guerra è
'qualcuno, da qualche parte deve spazzare via il casino' –
l'intestino di una donna, l'età dell'uomo o la sua
eredità di monumenti – *I giocatori*,
come li chiamava mio figlio, quando siamo passati davanti
a un uomo con una pistola nella piazza di Aberbanc.

Oggi, gli uomini sono nei carri armati
ed io sono tornato a Donetsk, ringraziando una statua -
la mia bussola all'incrocio.
Giro a destra; augurando *bore da* a Lenin,
rozzo dalla sua spolverata di neve.
Ma i suoi avventori beccano ancora la pace – i piccioni
battono le loro ali alla sua corona; piume irrequiete
frustano la sua coperta in una bufera di neve.

Una ragazza di Odessa si ferma. Camminiamo
verso il college e lei ride mentre io, nervosamente,
attraverso il ghiaccio cristallino. Lei, in stivali con tacco alto,
si agita sulle ossa che conosce fino al midollo.
Quali ossa? Chiedo. *Oh le lapidi degli ebrei*
formano le basi in modo che si alzi in volo.

E torreggiante stasera, il pensiero
di come ho giocato con la parola Odessa
risuona di nuovo nella mia mente. *Od-io la neve*
ho detto, *deve sciogliersi a-des-so. Il sole deve tornare presto.*
Un torrente di giochi di parole. La presa in giro
da parte del secondo violino dell'Ucraina all'abilità della Russia
di seppellire la verità.

                                                      Pura ironia.

Violence waits for something to give... A consonant or two
between deceit and devastation, conflict
and counting corpses or words that held captive:
Donetsk, Odessa, Donbas –

All may thaw to war any second.
Each drawn breath on tenterhooks.

The Pear Tree, Manse, Pontardawe
Menna Elfyn

As my big brother, nobody climbed
branches better or further than you;
in our orchard, high above, there you were
in the midst of pears, feet on a plank
in the arms of the boughs, looking
through a canopy to the sky above.

Between heaven and earth, just a boy,
but your mind faraway, you the tall lad
with the horizon calling you to safety
towards faith and save you from a fall:
grace's throne came and led you to
the Scarlet Cross, and the Tree of Life.

And now, you have reached that higher land
as you climb to its Shelter from earth to heaven
in the still hand of One who extends his mercy,
releasing you from the garden and your family tree:
bearing fruit in plenitude--a harvest full of sweet
juice, each pear so succulent for those –he loved – *yn Geraint.* *

* *His name, Geraint, means kith, kin and friends*

Pura? I giocatori hanno trovato i loro piedi.
La violenza aspetta qualcosa da dare... Una consonante o due
tra inganno e devastazione, conflitto e conteggio di cadaveri o
parole che tenevano prigionieri:
Donetsk, Odessa, Donbass –

Tutto può scongelarsi in guerra da un momento all'altro.
Ogni respiro tirato è in bilico.

Il Pero, la Canonica, Pontardawe
Traduzione di Antonella Gambardella,
Antonella Moccia e Asia Troiano

Come mio fratello maggiore, nessuno si è arrampicato
sui rami meglio o più in là di te;
nel nostro frutteto, in alto, eri lì
in mezzo alle pere, piedi su un'asse
tra le braccia di grossi rami, guardando
attraverso una chioma il cielo sopra.

Tra cielo e terra, solo un ragazzo,
ma la tua mente lontana, tu l'alto giovanotto
con l'orizzonte che ti chiama alla salvezza
verso la fede e ti salva da una caduta:
il trono della grazia è venuto e ti ha condotto
alla Croce Scarlatta e all'Albero della Vita.

E ora, hai raggiunto quella terra più alta
mentre sali al suo Rifugio dalla terra al cielo
nella mano ferma di Colui che diffonde la sua misericordia,
liberandoti dal giardino e dall'albero della tua famiglia:
portando frutta in abbondanza – un raccolto pieno di dolce
succo, ogni pera così succulenta per – chi amava –
Geraint. *

---

* *Il suo nome Geraint significa cari, parenti e amici*

Requiem
Brian Phillips

(For Harry Patch. The last surviving veteran of WW1, who died 25/07/2009)

Goodbye Harry Patch. Are you glad to be gone
from a world of Big Brother as war rages on?
We've drug wars for money and Star Wars for fun,
and the war for the ratings will just run & run.
We've price wars for shoppers who feel they have won,
as they buy three for two when they just needed one.

Adios Harry Patch, we are sad that you've gone.
It's plain to see now you were right, they were wrong.
Now the truth has been silenced as lies come on strong,
and the war against terror is moulded and spun
into photo-op', soundbite, and cheap tabloid pun,
and young children meet death at the point of a gun.

You'll be missed Harry Patch, your time here was so long,
yet no-one in power believed you belonged
in the vanguard of voices telling us they were wrong.
And we've learned what we've learned yet we've chosen to shun
All the peaceable paths to a life lived as one
With our neighbour as friends; no more "Bosch", no more "Hun".

So, Adieu, Harry Patch. You'll be glad to be gone
as the Butcher Bird sings from the front of The Sun,
and the profits pour in and the veils are torn down
from the sponsors' names stamped on the sides of the gun.

Requiem

Traduzione di Antonella Gambardella,
Antonella Moccia e Asia Troiano

(Per Harry Patch. L'ultimo veterano sopravvissuto
della Prima Guerra Mondiale, morto il 25/07/2009)

Addio Harry Patch. Sei contento di essertene andato
da un mondo di Grande Fratello mentre la guerra ha infuriato?
Abbiamo guerre di droga per soldi e Guerre Stellari per divertimento,
e la guerra per gli ascolti continuerà con accanimento.
Abbiamo guerre dei prezzi per gli acquirenti che sentono di averci guadagnato,
perché, quando ne serviva solo uno, tre per due hanno comprato.

Adios Harry Patch, siamo tristi che tu te ne sia andato.
Ora è chiaro che avevi ragione, loro avevano torto.
Ora la verità è stata messa a tacere mentre le bugie trovano supporto,
e il conflitto contro il terrore è modellato e contorto
da foto-op', soundbite e dai tabloid con scadenti giochi di parole,
e bambini piccoli incontrano la morte in punta di pistole.

Ci mancherai Harry Patch, il tuo tempo qui è stato prolungato,
eppure nessuno al potere credeva che tu potessi essere associato
all'avanguardia delle voci che ci dicevano che avevano sbagliato.
E abbiamo imparato ciò che abbiamo imparato, ma abbiamo deciso di evitare
Tutti i percorsi pacifici verso un vivere in cui considerare
il nostro prossimo come amico; né 'Bosch', né 'Hun' nominare.*

Quindi, Adieu, Harry Patch. Sarai felice di essertene andato
mentre l'Uccello Macellaio dalla copertina del Sun ha cantato,
e i profitti si riversano e i veli vengono strappati
dai nomi degli sponsor sui lati della pistola stampati.

---

* *I termini 'Bosch' e 'Hun' erano dei termini dispregiativi utilizzati durante la Prima Guerra Mondiale per designare i Tedeschi.*

There's no end to these wars that we all watch from home
between Match of the Day and the remake of 'Dune'.
So, Nos Da, Harry Patch. We're bereft now you've gone.
We're diminished by millions now we've lost the last one.

Blood Eagled
Brian Phillips

A northern girl invaded Wales,
Well-armed with all I'd lost, to win
A ticking shell which often fails,
My patch-work heart of virtuous sin.
My bleached bone frame with its' cried dry
Soul was tinder on her tongue.
Eclipsed, the moon unwound the sky
All moth-lit, star-hung, hot night long.
Rum, coke, and herb blurred kiss and word
Bereft on the crumbling bank I waved
Her off. Hooked, caught jester. Joy? Absurd!
I cursed the river while it saved her.
I was Lazarus, relapsed. My dreams suspended.
Blood-eagled they hung, and hexed.
Her blade, my dark heart's reign had ended.
Light spilled through my wound yet vexed me.
My heart, her intercostal axe had drained.
My new-born wings' pathetic flight
Haunted the wind. I moaned in pain as
Dark-winged forces set false hope alight
but in our rashly heated blood it drowned
as with heart-spilt, silken, swift farewell,
she'd blessed, cursed, healed, and killed this clown.
A sun-kissed Icarus, I fell,
Beating my wings to falling down.
Ghost or Phoenix? Risen again,
I live aloft, love-borne, love-slain.

Non c'è fine a queste guerre che tutti guardiamo da casa
tra Match of the Day e il remake di "Dune".
Quindi, Nos Da, Harry Patch. Siamo in lutto ora che te ne sei
andato.
Siamo diminuiti di milioni ora che l'ultimo ci ha lasciato.

Aquila di sangue
Traduzione di Serena Aliberti,
Elena Gonnella e Virginia Solomita

Una ragazza del Nord ha invaso il Galles,
Munita di ciò che avevo perso, per trionfare
Il ticchettio di un proiettile spesso inesploso,
Il mio cuore mosaico di virtuoso peccare.
La mia ossatura schiarita dal suo arido lamento
L'anima come esca sulla sua lingua.
Eclissata, la luna svelò il firmamento
lo sbrillucciolìo, il costellìo, nel calore della notte
Rum, coca e erba hanno offuscato il bacio e la parola
Abbandonato sull'argine franoso le dissi
Addio. Buffone, sei stato catturato, conquistato. Gioia? Assurdo!
Ho maledetto il fiume mentre la salvava.
Ero Lazzaro, recidivo. I miei sogni sospesi
Appesi ad aquila di sangue e maledetti
La sua lama, il regno del mio cuore oscuro era esangue
La luce sparsa attraverso la mia ferita, mi tormentava.
Il mio cuore, la sua ascia intercostale erano prosciugati.
Il volo disperato delle mie ali che da poco spuntavano
Ha infestato il vento. Gemevo di dolore mentre
una falsa speranza le forze dalle ali oscure incendiavano
che nel nostro sangue arroventato annegò
come con un addio sofferto, delicato, immediato
lei aveva benedetto, maledetto, guarito e ucciso questo pagliaccio.
Come Icaro baciato dal sole, sono precipitato,
battendo le mie ali per cadere.
Fantasma o fenice? Risorto di nuovo,
Vivo in volo, nato dall'amore, ucciso dall'amore.

Gosia

Dave Lewis

My grandmother Gosia met Josef Mengele once.
She mentioned how kind to the children he was.
Gave them little sweets, whistled happy tunes,
just before he sewed their backs together
or cut out their eyes of different colours.

She never once mentioned how she'd learnt
the sad gypsy songs or those harsh words of Russian,
although she did say it would be a sin to forget
just how cold the winter of January 1945 was
when the snowflakes of ash mixed with mothers' tears.

While you were getting to know your brand new parents
he was sailing to Argentina, partying with old friends.
When you graduated college he fled to Paraguay,
and later Brazil. About then you started your first business,
making overalls for the steel foundry workers.

Upon hearing the news that he'd drowned
I watched you carry on cooking at the stove
and in between stirring the vegetables you scratched
at the faded tattoo, wiped your eyes from the onions
before finally turning the heat off that great cauldron.

Gosia

Traduzione di Serena Aliberti,
Elena Gonnella e Virginia Solomita

Mia nonna Gosia incontrò Josef Mengele una volta.
Ricordò quanto fosse gentile con i bambini.
Dava loro dolcetti, fischiettava canzoncine
poco prima di cucirgli la schiena
o di cavare loro gli occhi di colori diversi.

Non ha mai detto come aveva imparato
i tristi canti gitani o quelle dure parole in Russo,
anche se disse sarebbe un peccato dimenticare
quanto freddo fosse l'inverno del gennaio 1945
quando i fiocchi di neve cinerea si univano alle lacrime delle madri.

Mentre tu stavi per conoscere i tuoi nuovi genitori
lui navigava verso l'Argentina, divertendosi con vecchi amici.
Alla tua laurea è fuggito in Paraguay,
e poi in Brasile. A quel punto hai avviato la tua prima attività,
confezionando tute per gli operai delle acciaierie.

Alla notizia del suo annegamento
ti ho vista continuare a cucinare ai fornelli
e mescolando le verdure ti grattavi
il tatuaggio sbiadito, ti asciugavi gli occhi per le cipolle
prima di spegnere finalmente il fuoco di quel grande calderone.

Laika

Dave Lewis

Although it was cold, so very cold, on the streets of Moscow at least we had each other. Huddled in doorways, scurrying through subways, riding the train to Red Square, scavenging beneath St Basils, wandering through Gorky and begging for frankfurters or boiled sausage outside the backdoors of restaurants and lapping up kefir from the drains. As a baby I'd been brave, learning to survive on the streets like that but when they took me and confined me in that small cage I have to admit I was a little bit scared. Then came the laxatives and the centrifuges and the scalpel cuts bathed with iodine. Dr Yazdovsky let me play with his children a while and for those brief minutes I had high hopes for the future. I was quiet and charming so they say. But when you gave me that final kiss on the nose I suppose deep down inside I knew my destiny lay among the stars. Alone, in silence, I watched the world spinning round, one thousand miles below. Then on the fourth lap I felt the temperature rise and I suppose I just shut my eyes for a moment. I was only three years old.

Laika

Traduzione di Serena Aliberti,
Elena Gonnella e Virginia Solomita

Anche se faceva freddo, molto freddo, nelle strade di Mosca almeno avevamo l'un l'altro. Rannicchiati nei vani delle porte, scorrazzando per le metropolitane, andando in treno fino alla Piazza Rossa, rovistando sotto San Basilio, vagando per Gorky e elemosinando wurstel o salsicce bollite sul retro dei ristoranti e leccando il kefir dagli scarichi. Da piccola ero stata coraggiosa, imparando a sopravvivere così per strada, ma quando mi presero e mi rinchiusero in quella piccola gabbia, ammetto di aver avuto paura. Poi vennero i lassativi e le centrifughe e i tagli con il bisturi a base di iodio. Il dottor Yazdovsky mi lasciò giocare un po' con i suoi bambini e per quei pochi istanti ho avuto grandi speranze per il futuro. Ero tranquilla e graziosa, così dicevano. Ma quando mi hai dato quell'ultimo bacio sul naso dentro di me sapevo che il mio destino era tra le stelle. Da sola, in silenzio, guardavo il mondo girare, mille miglia più in basso. Poi al quarto giro ho sentito salire la temperatura e credo di aver chiuso gli occhi per un momento. Avevo solo tre anni.

Garlic and roast tomatoes
Kate Rose

Shutters close; a scooter creeps through the square
steering its way around the hilltop.

A drinking man says he's found a dead dog
by the river. You look up and smile.

Someone tells him to leave be, it's an omen.
The barman laughs, pours our wine,

unfurls umbrellas, moves tables into the shade
near the kitchen, where garlic and roast tomatoes

mix with cigarette smoke from our neighbour,
almost asleep in the sun. The noon bell rings.

You take my hand, brush it with your lips.
Like that time in Santa Croce,

we lit a candle near Michelangelo's tomb,
outside boys shouted, kicking a ball against the walls.

Aglio e pomodori arrosto

*Traduzione di Gerardina Fruncillo
e Virginia Vitale*

Le persiane si chiudono; uno scooter si fa strada nella piazza
e si dirige verso la cima della collina.

Un uomo che beve dice di aver trovato un cane morto
vicino al fiume. Tu alzi lo sguardo e sorridi.

Qualcuno gli dice di lasciar perdere, è un presagio.
Il barista ride, ci versa il vino,

apre gli ombrelloni, sposta i tavoli all'ombra
accanto alla cucina, dove l'aglio e i pomodori arrosto

si confondono con il fumo di sigaretta del nostro vicino,
mezzo addormentato al sole. La campana scocca mezzogiorno.

Mi prendi la mano, la sfiori con le labbra.
Come quella volta a Santa Croce,

accendemmo una candela accanto alla tomba di Michelangelo,
fuori i ragazzi gridavano, calciando un pallone contro i muri.

The last holiday
Kate Rose

We shelter under a cliff as dark clouds growl down at us. Mum's arm clings to my waist as if I will be sucked into the sand. My sisters are wrapped together in a damp towel playing rock, paper, scissor. Boiled egg sandwiches drown on a china plate, balanced between a thermos and five tin mugs. We fight for space on a paisley rug.

Dad stands with his back to the sea, pale office legs in rolled up corduroys, he wrestles his viewfinder with the wind. Smile he repeats as he back-steps towards the waves. The empty beach is a battlefield of footprints. Gulls circle, eying our crusts. The tide creeps inwards, stalking Dad's heels.

L'ultima vacanza
Traduzione di Roberta Limongi Rizzuti,
Antonietta Matarazzo e Emanuela Pagnozzi

Ci ripariamo sotto una scogliera mentre nubi scure ringhiano verso di noi. Il braccio di mamma mi serra la vita come se la sabbia potesse risucchiarmi. Le mie sorelle avvolte da umidi teli giocano a sasso, carta, forbici. Panini con uova sode sul piatto di porcellana, in equilibrio tra il thermos e cinque tazze di latta. Ci spingiamo per farci spazio sul tappeto persiano.

Papà in piedi rivolge le spalle al mare, gambe pallide da scrivania in pantaloni di velluto arrotolati, lotta contro il vento per posizionare il mirino. Sorridete ripete mentre indietreggia verso le onde. La spiaggia vuota è un campo di battaglia cosparso di orme. I gabbiani volano in cerchio, adocchiando i nostri avanzi. La marea s'insinua verso l'interno, inseguendo i talloni di papà.

Pleasures
Clara Burghelea

A mouthful of sweating ink,
A fistful of lines.
A braid of small happiness.
A mother ghost
running besides you, smelling of rain,
April spilling its light over the edges of the day.
A poem picking at its own scab,
holding this rope of silence, flying into itself,
more of one realm than the other.
Your fat palm resting on my cheek.
I hold with those who favor touch,
water and weed the folds of brokenness,
tend to the crevices.
Absence. Fullness. Yes!

Piaceri

Traduzione di Roberta Limongi Rizzuti,
Antonietta Matarazzo e Emanuela Pagnozzi

Un pizzico di inchiostro trasudante,
Una manciata di versi.
Un intreccio di piccole gioie.
Una madre fantasma
che ti corre accanto, che sa di pioggia,
Aprile getta la sua luce sui contorni del giorno.
Una poesia, ferita aperta che non si rimargina,
trattiene questa corda di silenzio, vola dentro di sé,
più di un regno che dell'altro.
Il tuo palmo tozzo sulla mia guancia.
Appartengo a coloro che preferiscono il tocco,
acqua ed erba le pieghe della disperazione,
giungono alle crepe.
Assenza. Pienezza. Sì!

On translation
Clara Burghelea

A mouth is a beautiful thing to be born into, a potent realm of tastes, wordlings,
the eeries, everything that burns to flesh out. You learn to move the tongue like
the sea, ebbing the edges, one lap after the other, then flowing back into the unuttered.
The way a mouth can trace the hanging fruit of doubt before it congeals into the mind,
fall as if held, roll nape to forehead, a teething little mouse tracing fallacies to their root,
before it wheels back into ink dreams. This sheet of paper stands witness to the way
the mouth does things with words, their stillness and stubbornness alike, poking at
their fleshy cores, biting into their sanctity of solitude. A palimpsest of lipped out
strikes, the blurred space between mis-en-scènes and intentions, tonguing the unsaid
before the unsaid gains weight, and all swerving sways softly turn flux into solid matter.

Sulla traduzione

*Traduzione di Roberta Limongi Rizzuti,
Antonietta Matarazzo e Emanuela Pagnozzi*

Una bocca è un luogo meraviglioso in cui nascere, un potente
reame di sapori, parole appena nate,
misteri, tutto quel che brucia dalla voglia di fuoriuscire. Si
impara a muovere la lingua come
il mare, fluire ai bordi, onda dopo onda, e poi rifluire
nell'inespresso.
Come la bocca traccia il frutto sospeso del dubbio prima di
addensarsi nella mente,
cade come trattenuto, rotola dalla nuca alla fronte, un topolino
con i primi denti riconduce le fallacie alla radice,
prima che torni nel mondo dei sogni d'inchiostro. Il foglio di
carta è testimone di come
la bocca fa cose con le parole, con la loro quiete e testardaggine,
colpendo il
nucleo carnoso, mordendo la santità della loro solitudine. Un
palinsesto di colpi fuoriusciti
dalle labbra, lo spazio indefinito tra la messa in scena e le
intenzioni, lambendo l'inespresso
prima che l'inespresso prenda forma, e tutto l'ondeggiare
trasformi placidamente il flusso in materia solida.

Ode to Caravaggio
Kavita Ezekiel Mendonca

To paint my stillness I have tried
The palette is empty, the paint has dried

Come over with your artist's brush
Paint my stillness with the black rose's blush

Paint the light flowing from above
Paint my soul, paint me ungloved

Paint the shadows and the darkness
Chisel me in with all your sharpness

Paint me in the mirror haunted
By all life's ghosts paint me undaunted

Paint me original I won't be shocked
Already you have the Art world rocked

Paint me boldly as I am
Let the paint spill from your dam.

Ode a Caravaggio

Traduzione di Natascha Bruno e Ilaria Pierro

A raffigurare la mia interiorità ho provato
La palette è vuota, il colore è essiccato

Vieni da me con il tuo pennello vivace
Con il bagliore della rosa nera dipingi la mia pace

Dipingi la luce che il cielo racchiude
Dipingi la mia anima, dipingimi a mani nude

Dipingi le ombre e le oscurità
Scolpiscimi con tutta la tua acuità

Tormentata dai fantasmi della vita
Dipingimi allo specchio, dipingimi ardita

Dipingimi autentica, non sarò turbata
Da te l'arte è già stata scombussolata

Dipingi sfacciatamente la mia vera natura
Lascia che fuoriesca dai bordi la pittura

Loss
Kavita Ezekiel Mendonca

Dedicated to my father who passed away from Alzheimer's.

My father could not talk to me
Before he died
Could not reach me in a distant land
Twinned in spirit, separated by geography,
I heard he remembered me
Said he could never forget me
Memory without a memory
Not able to remember
Not able to forget
Trapped in a maze of loss.
Two losses
The greater loss is mine.

Thankfully,

He could not remember
What he had lost.

Perdita

Traduzione di Roberta Limongi Rizzuti,
Antonietta Matarazzo e Emanuela Pagnozzi.

Dedicata a mio padre, venuto a mancare a causa dell'Alzheimer

Mio padre non riusciva a parlarmi
Prima di morire
Non riusciva a raggiungermi in una terra lontana
Uniti nello spirito, separati fisicamente,
Ho sentito che si ricordava di me
Disse che non mi avrebbe mai dimenticato
Ricordo senza ricordi
Incapace di ricordare
Incapace di dimenticare
Intrappolato in un dedalo di perdite.
Due perdite
La più grande è la m

Per fortuna,

Non riusciva a ricordare
Cosa avesse perso.

What is love, now?
Miriam Calleja

I sit for months with a toe reaching for the door
everyone's done it before us
thinking it would save them
then realising it would,
but never in the way that they thought
what a cruel discovery that the fear now isn't about leaving
it is about staying.

The first part is the easiest
it's the part that everyone does successfully
well, let's face it, almost everyone
and
almost successfully.
I'll sip my wine
and rub my neck
this is uncomfortable
the staying in this, here and now,
with its silences, its slow, insidious, habit-forming,
hard-on-my-knees
realising
the
real
loveliness of it all.
and
pronouncing the words
that everyone before us has said
well, let's face it, almost everyone.
and
almost said.

Cos'è l'amore, adesso?

Traduzione di Natascha Bruno e Ilaria Pierro

Resto seduta per mesi toccando la porta con la punta del piede
tutti lo hanno fatto prima di noi
pensando che li avrebbe salvati
per poi realizzare che sarebbe stato così,
ma mai nel modo in cui lo avevano immaginato
com'è atroce scoprire che adesso la paura
non è scappare
ma restare.

La prima parte è la più facile
è la parte che tutti superano con successo
beh, ammettiamolo, quasi tutti
e
quasi con successo.
Io sorseggerò il mio vino
e massaggerò il mio collo
questo è sgradevole:
il restare, qui ed ora, in questo stato,
pieno di silenzi, di abitudini lente ed insidiose,
mi mette in ginocchio
realizzare
il
reale
incanto di tutto questo,
e
pronunciare le parole
che tutti hanno detto prima di noi
beh, ammettiamolo, quasi tutti,
e
quasi detto.

Lake Michigan
Miriam Calleja

In the vast stretches of your reach,
poetry feels indulgent;
I prefer to rock gently to sleep
forget about speaking my truth.
You open up to cradle me.
I can't see where land begins again
and as you lull me into
a false sense of security
I swallow you in gulps.
I scream but it's a gargle.
Your elbows are strange,
but you lock me in them, and I stay.

Lago Michigan
Traduzione di Natascha Bruno e Ilaria Pierro

Tra le immense attese che mi separano da te
la poesia sembra appagante;
preferisco dondolarmi dolcemente fino ad addormentarmi
e a dimenticare di raccontare la mia verità.
Ti apri per cullarmi.
Non riesco a vedere dove la terra ricominci
e mentre mi induci in
 un falso senso di sicurezza
mi bevo tutto ciò che dici.
Grido ma viene fuori un gorgoglio.
La tua presa è strana,
ma mi stringe forte, e io ci rimango.

Letter to my newborn daughter to help her christen the world
Manuel Iris

Now that the world is brand new
I want to go out to the balcony with you
and tell you
this is a tree, this is a leaf
and that jumping on that branch
is a fruit a bird a flower
is the song of the bird
it is the air
but someday
you are going to ask me
of love and war
of hope and death
of why we came to be born
precisely now
precisely here
and those answers
I also ignore.

Instead, I offer you
my little certainties:

Everything is in sight
if you pay attention
to the little things.

There is more truth in an embrace than in a book.

Everything in the world

is dark and vital
like a root,
beautiful and destructive
like a wildfire.

Lettera a mia figlia appena nata
per aiutarla a battezzare il mondo

Traduzione di Natascha Bruno e Ilaria Pierro

Ora che il mondo è nuovo di zecca
voglio uscire con te sul davanzale
e dirti in modo banale
*questo è un albero, questa è una foglia
e quel saltellio su quel ramo
è un frutto, un uccello, un fiore,
è il canto dell'uccellino,
è l'aria*
ma un giorno
mi domanderai
dell'amore e della guerra
della speranza e della morte
del perché siamo venuti al mondo
proprio adesso
proprio qui
ed anche io
ignoro queste risposte.

Piuttosto ti offro
le mie piccole certezze:

Puoi vedere tutto
se presti attenzione
alle piccole cose.

C'è più verità in un abbraccio che in un libro.

Tutto nel mondo

è tetro e vitale,
come una radice,
bello e distruttivo
come un incendio.

You must live
without fearing death, your own or others.

We need it to return to the beginning.

Now that the world
is completely new
I give you, also
these two amulets
so you can save them
or wear them in your hair:

Silence is music.

I love you.

Elegy and welcome for my father, whose funeral I could not attend
Manuel Iris

I was always afraid to write

but it turns out that sometimes death
is the consolation of immigrants:

today we beat the phone calls
and the airports.

Today you enter my house.

Perhaps that's why
I'm scared of going back,
of watching the afternoon
without you there.

Devi vivere
senza temere la morte, la tua o quella altrui.

Ne abbiamo bisogno affinché tutto ritorni al principio.

Ora che il mondo
è completamente nuovo
ti do in dono anche
questi due amuleti,
così puoi conservarli
o metterli nei tuoi capelli:

Il silenzio è musica.

Ti amo.

Elegia e benvenuto a mio padre, al cui funerale non ho potuto partecipare
Traduzione di Simona Montepiano

Ho sempre avuto timore di scrivere

ma spesso la morte si rivela
la consolazione degli immigrati:

oggi oltrepassiamo le telefonate
e gli aeroporti.

Oggi tu entri in casa mia.

Forse è per questo
che ho paura di ritornare,
di guardare il pomeriggio
senza di te lì.

I don't want to see your grave.

I don't want you to have
a grave

but I will go,
I'm going to look at it and then
I will keep talking
with you.

(Now as I write
I'm again the boy
who raises his hand
seeking for yours.)

Father,
this morning
you did not wake up
and I do not say goodbye:

Today
you enter my house.

Non voglio vedere la tua lapide.

Non voglio che tu abbia
una lapide

ma ci andrò,
la guarderò e poi
continuerò a parlare
con te.

(Ora che scrivo
sono di nuovo il bambino
che alza la mano
in cerca della tua.)

Papà,
questa mattina
non ti sei svegliato
ed io non ti ho detto addio:

Oggi
tu entri in casa mia.

How to Love a Gardener
Christina Thatcher

for Rich

Love like the horse chestnut loves carbon,
like the sun isn't millions of miles away

or doomed. Love like a blue fir amongst white pines,
like a wide shovel opening the earth. Rewind

your favorite moments over early dinners:
the correct identification of an olive tree, climbing

65 feet up a fat trunk, turning backpack pockets
into houses for leaves. Love as eagerly as sprouting seeds,

as hungry as a goat up an argan tree. Love like you are
spotting a red squirrel for the first time. Relish in your blooming

knowledge of Latin, wood chopping, propagation. Love as easy as
hibiscus roots drink rain. Breathe in the smell

of earth-drenched boots. Savor the quick-flowing
photos of pheasants and hedgehogs and newts.

Love like a pioneer species. Love like sempervirens: evergreen.
Love like every green thing ever planted

will live long and never burn.

Come Amare un Giardiniere

Traduzione di Simona Montepiano

per Rich

Ama come l'ippocastano ama l'anidride carbonica,
come se il sole non fosse lontano milioni di chilometri

o condannato. Ama come un abete blu tra i pini bianchi,
come una grande pala che vanga il terreno. Riavvolgi

i tuoi momenti preferiti dopo le cene anticipate:
il giusto riconoscimento di un albero di ulivo, arrampicandoti

20 metri su un grosso tronco, trasformando le tasche dello zaino
 in case per le foglie. Ama così impazientemente come i germogli,

così affamato come una capra su un albero di argan. Ama come se stessi
scorgendo uno scoiattolo rosso per la prima volta. Goditi la tua florida

conoscenza del latino, il taglio della legna,
la propagazione. Ama così ingenuamente come
le radici di ibisco assorbono la pioggia. Inala il profumo

degli stivali fradici di terriccio. Ammira le foto
che scorrono rapide dei fagiani, dei ricci e dei tritoni.

Ama come una specie pioniera. Ama come un sempervirens: un sempreverde.
Ama come ogni cosa verde mai piantata

vivrà a lungo e non brucerà mai.

Digestion
Christina Thatcher

The diamond catches the light
and I consider what's ringed underneath:
pale skin, bulbed vessels, tiny capillaries
all running to thick sacks of tissue
which work and move me. Really,
you're marrying a colony of organs.

And you tell me that's okay. The brain
and body are attractive, sure,
but what about the miracle innards,
often overlooked: the blood-filtering
spleen, the bulging bladder,
the ornery uterus.

It is these, you say: the vital, back office
things that should be loved equal to the eyes
and ears, voice and vulva. You know
they fuel the colony, and the colony gives
and gives.

Digestione
Traduzione di Simona Montepiano

Il diamante riflette la luce
ed io immagino cosa si cela al di sotto:
pelle pallida, vasi sanguigni, capillari sottili
si diramano in strati spessi di tessuto
che lavorano e mi animano. Davvero,
stai per sposare un ammasso di organi.

Ma mi dici che va bene. Il cervello
e il corpo sono attraenti, certo,
ma che mi dici delle viscere miracolose,
spesso ignorate: la milza che filtra
il sangue, la vescica piena,
l'utero ostile.

Sono questi, dici: gli organi vitali
che dovrebbero essere amati al pari degli occhi
e delle orecchie, della voce e della vulva. Sai,
alimentano questo ammasso e questo ammasso
dà la vita.

In the Beginning
Donald Krieger

> *Lot's wife died nameless*
> *not because she looked back…*
> *but for remembering*

In a sweet vision I live naked,
small trees wide spaced,
warm shade, rich with apricots

a white beach in view,
gentle surf, a dark squall
rushing across the water

a walled colossus to the south
massive piers, men of all shades at labor,
oars and sails, slanted ships
long and low, bilge and shackles

Babel

the towers at city center in flames,
smoke and harbor stench
billowing silver in the sun.

I have always longed to live simply
in an orchard, figs and cedar
olives and almonds, ladders and baskets

gloves and fresh bread,
each day, time stretching
to the evening cool.

So many remember
their past lives as Princes.
Like them I long for Eden
where tyranny and forgetting
were new.

All'inizio

*Traduzione di Giulia Criscuolo,
Sara Lettieri e Luca Pontillo*

> *La moglie di Lot morì senza nome
> non perché si voltò indietro...
> ma per aver ricordato*

In una dolce visione vivo nudo,
piccoli alberi distanziati,
di una calda tonalità, pieni di albicocche

una bianca spiaggia all'orizzonte,
onde miti, una nera burrasca
si abbatte sull'acqua

un colosso fortificato al sud
imponenti moli, uomini di tutte le sfumature al lavoro,
remi e vele, barche inclinate
lunghe e basse, sentina e catene

Babele

le torri in fiamme nel centro della città,
fumo e olezzo del porto
fluttuando argento nel sole.

Ho sempre desiderato vivere in modo semplice
in un frutteto, fichi e cedro
olivi e mandorli, scale e cesti

guanti e pane fresco,
ogni giorno, il tempo si estende
fino al fresco della sera.

In molti ricordano
le loro vite passate come Principi.
Come loro, io desidero l'Eden
dove la tirannia e l'oblio
erano nuovi.

Curly Red Hair
Donald Krieger

Dad asked for my savings to help with the rent; I was proud to give it to him. After that I got five dollars a week for cafeteria money, and when I needed something more, I just had to ask.

Carol had freckles, a pug nose, curly red hair. She was born early, perfect but absent toenails and eye lashes, long and thin, adopted. After school and nights, Susie and I tended her. That was a bright time for me. Mom lived on the couch in her underwear.

Carol was three months old when Dad took a traveling job. After that we saw him alternate weekends. He called sometimes too.

Mom found a new house in Lake Clark with a swimming pool, and it was close to my friend, Bob. I don't remember Dad ever being there, just Mom and Carol, Susie and me.

Carol was crawling; Mom said she could get to the pool and drown. We put up a little fence and kept the doors closed and even locked, but Mom couldn't sleep. The old place hadn't sold yet, so she moved us back, sold the pool house, and used the profit to buy a new couch.

I was mad and stopped coming home after school. One day she got in my face, then swung on me. I caught her wrists and pushed – it was just a little, I swear, but she went down screaming. I got out of there and called Dad; he told me, It's ok, Don, just do good in school. The next time he was in town, he took me to his boat. Janine was there with her children – they had freckles and curly red hair.

Ricci capelli rossi

*Traduzione di Giulia Criscuolo,
Sara Lettieri e Luca Pontillo*

Papà mi chiedeva i risparmi per aiutarlo con l'affitto; ero orgoglioso di darglieli. Dopo aver guadagnato cinque dollari a settimana dalla caffetteria, e quando avevo bisogno di qualcosa in più, dovevo solamente chiedere.

Carol aveva le lentiggini, il naso all'insù, ricci capelli rossi. È nata prematura, perfetta ma senza le unghie dei piedi e le ciglia, alta e magra, adottata. Dopo scuola e durante le notti, io e Susie ce ne prendevamo cura. È stato un bel periodo per me. Mamma viveva sul divano in intimo.

Carol aveva tre mesi quando papà ha accettato un lavoro per il quale viaggiava molto. Dopo di che, lo abbiamo visto a weekend alterni. A volte chiamava pure.

Mamma ha trovato una nuova casa con piscina a Lake Clark; ed era vicino al mio amico Bob. Non ricordo di aver mai visto papà lì, solo mamma, Carol, Susie ed io.

Carol gattonava; mamma diceva che poteva andare in piscina e affogare. Abbiamo costruito una piccola staccionata e mantenevamo le porte chiuse e addirittura serrate, ma mamma non riusciva a dormire. La vecchia casa non era stata ancora venduta, quindi ci ha riportato lì; una volta venduta la casa con la piscina, abbiamo usato il ricavato per comprare un nuovo divano.

Ero furioso e ho smesso di tornare a casa dopo scuola. Un giorno mi ha aggredito, e poi mi ha scosso. Le ho preso i polsi e spinta – giusto un po', lo giuro, ma è caduta gridando. Sono uscito da lì e ho chiamato papà; mi ha detto, è tutto ok, Don, basta che vai bene a scuola. La volta seguente che era in città, mi ha portato alla sua barca. Janine era lì con i suoi figli – avevano le lentiggini e ricci capelli rossi.

Self Portrait as a Great Crested Grebe
Rachel Carney

I find myself following your lead again
turning   ducking   tossing my head
to the left   to the right   beak up
beak down   beak to the side

you lead me in this fast tango   flapping
dripping   beaks full of pond weed
the perfect gift   and here comes

the crescendo   as we raise ourselves
out of the water   in a great
ungainly clash   stretching our necks
to the sky   white breasts exposed

then sink down again   our bonds renewed
ringed in ripples   preening our feathers
preparing for the brood

Autoritratto di uno svasso maggiore

*Traduzione di Giulia Criscuolo,
Sara Lettieri e Luca Pontillo*

Mi ritrovo ancora a seguire la tua guida
voltando   abbassando   scuotendo la testa
a sinistra   a destra   becco all'insù
becco all'ingiù   becco al lato

mi conduci in questo veloce tango   svolazzando
becchi   pieni di erbacce gocciolanti
il regalo perfetto   ed ecco arriva

il crescendo   così come ci solleviamo
dall'acqua   in un grande
contrasto sgraziato   protendendo i nostri colli
al cielo   bianchi petti in vista

dopo ci immergiamo ancora   i nostri legami rinnovati
contornati da increspature   lisciando le nostre piume
preparandomi per la covata

Different
Rachel Carney

When I was seven
and my friend showed me a picture
of a Swedish boat,
I kissed it

to prove to her that what I said was
true – that I loved anything,
everything Swedish.
I felt like a fool but

at the same time I felt I
had something
tangible, in my hands, something
she didn't have.

It became an obsession: I would
tell everybody "I'm a quarter
Swedish" It made me
taller, made me

different, but
that is all I have:
a feeling, a distant
past too far away to

matter. What I didn't
have, what haunts me
now – the language,
the courage to

go there.

Differente

*Traduzione di Giulia Criscuolo,
Sara Lettieri e Luca Pontillo*

Quando avevo sette anni
e la mia amica mi ha mostrato una foto
di una barca svedese,
l'ho baciata

per dimostrarle che ciò che avevo detto era
vero – che amavo tutto,
ogni cosa svedese.
Mi sono sentita una stupida ma

allo stesso tempo sentivo
di avere qualcosa
di tangibile, nelle mie mani, qualcosa
che lei non aveva.

Divenne un'ossessione: dicevo
a tutti "Sono un quarto
svedese" mi rendeva
più alta, mi rendeva

differente, ma
è tutto quello che ho:
una sensazione, un passato
distante troppo lontano per

avere valore. Cosa non
avevo, cosa mi perseguita
ora – il linguaggio,
il coraggio di

andare lì.

The Prince
Sholeh Wolpé

The night of the dance I wore
an ankle-length caftan, hiding
my body beneath its airy flow, flat
shoes not to be too tall,
and my roommate's lipstick,
brighter than orange juice.

He was a prince who could have picked
any of the boarding-school girls—
Suzie with one eye blue,
full-breasted Victoria,
or the girl from India with a waist
slender as a drumstick tree.

But the sixteen-year-old Saudi royal
asked me for the first dance, then the second,
then for the rest of the night, as boys and girls
disappeared into dark corners while
chaperones dozed off in the hall
nipping Hennessy from tiny silver flasks.

My prince was shy, but not too shy
to slowly drop his hand and squeeze,
his lips on mine, the knife
in his pocket on my groin.

On the ride back the girls taunted me,
Camel driver's virgin, imitated my accent
singing, *Don't touch the merchandise*,
mocked me for pushing away the fetching prince
so hard he fell on his ass and twisted his wrist.
What did he do? Stick his finger up your...?

Il Principe

*Traduzione di Roberta Limongi Rizzuti,
Antonietta Matarazzo e Emanuela Pagnozzi.*

La notte del ballo indossavo
un lungo caftano, nascondendo
il corpo sotto il tessuto ondeggiante, scarpe
basse per non sembrare troppo alta,
e il rossetto della mia coinquilina,
più acceso del succo d'arancia.

Il principe avrebbe potuto scegliere
una qualsiasi ragazza del collegio –
Suzie con un occhio blu,
la prosperosa Victoria,
o la ragazza indiana dalla vita
sottile quanto un albero di moringa.

Ma il reale saudita sedicenne
invitò me per il primo ballo, poi per il secondo,
poi per il resto della notte, mentre ragazzi e ragazze
scomparivano negli angoli bui e
gli accompagnatori si appisolavano in corridoio
sorseggiando Hennessy da fiaschette argentate.

Il mio principe era timido, ma non troppo
da non far scivolare lentamente le mani e stringere,
le sue labbra sulle mie, il coltello
nella sua tasca sul mio inguine.

Al ritorno le ragazze mi stuzzicavano,
Verginella del deserto, imitavano il mio accento
cantando, *Don't touch the merchandise*,
mi deridevano per aver spinto il principe affascinante
così forte da mandarlo col sedere a terra e da storcergli il polso.
Che cosa ha fatto? Ti ha infilato il dito nella …?

That night I packed my bag, slipped out
just as the sun exhaled its first breath into night,
took the first Eastbourne rail to London.
I hid beneath a beat-up hat, collar pulled up,
and by the time the headmaster was informed,
called the police and my anxious parents overseas,
I was at my clueless cousin's boarding house nibbling
baklava, drinking hot tea from a chipped cup.

I shivered beside a coin-operated heater, ate
fish and chips on yesterday's newspaper, and read
Neruda, Farrokhzad, for a week, Tolstoy, and Austen.
Quietly I thanked my father for giving me time
to strengthen the sinew that held my heart.

It rained and I didn't go out, avoided my big-boned
cousin with her roto-rooter tongue and the nose
of our grandmother who could smell anything
rotting inside the heart. I turned the cracked mirror
in my room towards the wall. Someone
had scribbled "HELP" on the back.

The rose-splattered wallpaper looked scrubbed
with day-old coffee. The lone sofa sagged
with the weight of absent occupants the way
my lips still felt the heaviness of that first kiss.

In the end what mattered, I learned,
were the smallest blessings:
the milk-sweetened tea or the miracle
of scalding water from the ancient bathtub faucet.
What counted were my widowed cousin
holding her own in a foreign land,
and the grit to say no
to what is hurled—words, glances, bullets, everything.

Quella notte feci la valigia, e sgattaiolai via
proprio quando il sole emise il suo primo respiro nella notte,
presi il primo treno da Eastbourne per Londra.
Mi nascosi sotto un cappello malconcio, il colletto all'insù,
e mentre il preside del collegio veniva informato,
chiamava la polizia e i miei genitori preoccupati oltreoceano,
io mi trovavo alla pensione della mia ignara cugina, sgranocchiando
baklava, e bevendo del tè caldo da una tazza scheggiata.

Rabbrividii accanto a una stufa a gettoni, mangiai
fish and chips sul giornale del giorno prima, e lessi
Neruda, Farrokhzad, per una settimana, Tolstoj, e Austen.
A bassa voce ringraziai mio padre per avermi dato il tempo
di rafforzare il vigore che reggeva il mio cuore.

Pioveva e non uscii, evitavo la mia corpulenta
cugina dalla lingua disgorgante e col naso
di nostra nonna in grado di sentire tutto
ciò che marcisce nel cuore. Girai lo specchio rotto
della mia stanza verso la parete. Qualcuno
aveva scarabocchiato "AIUTO" sul retro.

La carta da parati imbrattata di rose era incrostata
di caffè del giorno prima. Il divano solitario s'incurvava
sotto il peso di occupanti assenti così come
le mie labbra percepivano la pesantezza di quel primo bacio.

Alla fine ciò che contava, imparai,
erano le piccole cose della vita:
il te addolcito dal latte o il miracolo
dell'acqua bollente dal rubinetto di una vecchia vasca da bagno.
Ciò che contava erano mia cugina vedova
che resisteva in una terra straniera,
e il coraggio di dire no
a quanto ci è scagliato contro – parole, sguardi, proiettili, tutto.

The House on Stilt Legs
Sholeh Wolpé

I have just arrived, and the air is wet.
The breeze lifts up my skirt
to have a look.

The neighbors file in, bring
baked plantains, chickpea roti,
goat curry so spicy my eyes melt.

They finger my curls, touch
my long black eyelashes.
Laugh.

In the street, boys hiss
at my back with lips, tongue,
and breath. Young men

emerge skinny and dark,
from among tall sugar cane
fields, machetes in hand.

Just for you, they say, and pull out
long, clean, fat stalks, bleeding
sugar from the cut.

The four-leaf clover holes that line
the edges below my bedroom ceiling
are portholes to the stars.

Fireflies come in with the breeze,
turn my mosquito net into a green-
flashing southern sky. I tell them

about Tehran's dusty streets and high

La Casa sui Trampoli
*Traduzione di Roberta Limongi Rizzuti,
Antonietta Matarazzo e Emanuela Pagnozzi.*

Sono appena arrivata, e l'aria è umida.
La brezza mi solleva la gonna
Per dare uno sguardo.

I vicini accorrono, portano
platani al forno, roti di ceci,
spezzatino al curry così speziato da sciogliere gli occhi.

Giocano con i miei ricci, toccano
le mie ciglia lunghe e scure.
Ridono.

In strada, i ragazzi sibilano
alle mie spalle con labbra, lingua,
e respiro. Giovani uomini

emergono magri e scuri,
tra i campi di alte canne da
zucchero, machete in mano.

Solo per te, dicono, ed estraggono
dei lunghi gambi, puliti e succulenti, che grondano
zucchero dal taglio.

I fori di quadrifoglio che scoprono
i margini del soffitto in camera da letto
sono finestre sulle stelle.

Le lucciole entrate insieme alla brezza,
trasformano la zanzariera in un cielo del sud
trapunto di verde. Gli racconto

delle strade polverose di Tehran e delle alte

walls, gardens where every tree steals
innocence from eyes, where every rose

offers her thorns to stitch mouths,
where crows blacken the sky snitching
on the comings and goings of the moon.

I sketch in the air the bell jar
in which I lived and almost died,
show them the roof of my mouth

where a secret grows like moss, the inside
of my belly button where the cord to my
homeland's womb remains uncut.

mura, dei giardini dove ogni albero ruba
l'innocenza dagli occhi, dove ogni rosa

offre le spine per ricucire bocche,
dove i corvi oscurano il cielo rivelando
l'andirivieni della luna.

Abbozzo in aria la campana di vetro
in cui ho vissuto e sono quasi morta,
mostro loro il mio palato

in cui un segreto cresce come muschio, l'interno
del mio ombelico dove il cordone al
grembo della mia terra natia resta intatto

Poltergeist in Făget Forest
Stefan Manasia

I took lots of photos, according to personal logic,
but the ectoplasmic entities failed to appear
on the screen. I took pictures of white, red ribbons
hanging from trees but the sudden wind

didn't make them vibrate, in the Morse alphabet
or another code. It was sunny and cold.
We were wearing thick clothes. Aware we could
still not have made Baciu or Hoia

where paths turn into Gates. You were
so disappointed and on the way back, you made
no effort whatsoever to hide it. I felt like
choking you every twenty steps, but the coiled

trail, the unveiled roots (beech trees or elm trees),
looked odd enough in the crisp, shining afternoon.
I took artistic photos. A month later you praised them
as if you had taken them yourself, while you were

walking, throbbing like a knot of snakes. Then we
stopped. You couldn't understand all the exotic names,
the numbers scribbled and spread on the tree trunks.
Your nerve cells were fast processing, here, in the deep

forest, unknown to the crowds of tourists. My throat was
dry when I finally understood, almost instantly,
that the forest had slurped us into its strange necropolis,
where the silence of the guilty souls had heavily become,

as the poet would say, deafening. It pained you as well
as if a gun sent from the future would have held you

Poltergeist nella foresta di Făget

Traduzione di Gaia Maiorano,
Federica Petrosino e Federica Testa

Scattai molte foto, secondo logica personale,
ma le entità ectoplasmatiche non apparvero
sullo schermo. Fotografai nastri bianchi, rossi
appesi agli alberi ma il vento improvviso

non li fece vibrare, nell'alfabeto Morse
o in un altro codice. Era soleggiato e freddo.
Indossavamo abiti pesanti. Consapevoli
che non avremmo ancora potuto fare Baciu o Hoia

dove i sentieri diventano Cancelli. Tu eri
così deluso e sulla via del ritorno, non facesti
assolutamente nessuno sforzo per nasconderlo. Avevo voglia
di soffocarti ogni venti passi, ma il sentiero

a spirale, le radici scoperte (faggi o olmi),
avevano uno strano aspetto nel pomeriggio frizzante e lucente.
Scattai foto artistiche. Un mese dopo le elogiasti
come se le avessi fatte tu stesso, mentre

camminavi, palpitante come un groviglio di serpenti. Poi
ci fermammo. Non comprendevi tutti i nomi esotici,
i numeri scarabocchiati e sparsi sui trochi degli alberi.
Le tue cellule nervose elaboravano velocemente, qui, nella foresta

profonda, sconosciuta alle folle di turisti. La mia gola era
secca quando finalmente capii, quasi all'istante,
che la foresta ci aveva risucchiati nella sua strana necropoli,
dove il silenzio delle anime colpevoli era diventato intensamente,

come direbbe il poeta, assordante. Ti addolorava
come se una pistola mandata dal futuro ti avesse trattenuto

among the trunks encrusted with numbers, names, crosses,
amid the crowns easily rocked under which Bobby

and Bonnie and Little Sock and Jack rest and where those
guys that can hardly breathe in the city, daily shamed
and hysterical, are coming now to howl wordlessly, rave,
cry for Bobbie and for Lassie for Bonnie Little Sock for Jack.

We are the generation of extinction
Stefan Manasia

1.
If Yemen has not offered Pasolini the setting
for *Il fiore delle mille e una note*,
it would have disappeared by now
swallowed by sand.

2.
*The only richness of Yemen
is its own beauty*, said PierPaolo
bewildered and prophetically.

And the camera's lens worshiped
terraces and walls, Sana'a's porticos
isolated in a middle age

pleasing UNESCO'S bureaucrats.
Statues and fortresses, clay churches,
Christian communities,

(no matter how plain it would sound)
the species, *the poor species*, Sonia Larian,
they all disappear these days in a gloomy vortex.

We are the generation of extinction.

tra i tronchi incrostati con numeri, nomi, croci,
tra le corone che oscillavano facilmente sotto cui Bobby

e Bonnie e Little Sock e Jack riposano e dove quei
ragazzi che a malapena respirano in città, spesso avviliti
e isterici, vengono ora a gemere senza parole, delirare,
piangere per Bobbie per Lassie per Bonnie Little Sock per Jack.

Siamo la generazione dell'estinzione
Traduzione di Carmen De Rosa e Antonella Pontecorvo

1.
Se lo Yemen non avesse offerto a Pasolini l'ambientazione
per *Il fiore delle mille e una notte*,
ormai sarebbe scomparso
inghiottito dalla sabbia.

2.
*L'unica ricchezza dello Yemen
è la sua bellezza*, disse PierPaolo
disorientato e in maniera profetica.

E l'obiettivo della cinepresa venerava
le terrazze e le mura, i portici di Sana'a
isolati in un'epoca medievale

compiacendo i burocrati dell'UNESCO.
Statue e fortezze, chiese d'argilla,
Comunità cristiane,

(non importa quanto semplice possa suonare)
i corpi, *i poveri corpi*, Sonia Larian,
in questi giorni tutti scompaiono in un vortice tenebroso.

Siamo la generazione dell'estinzione.

The previous one enriched the uranium,
encapsulated napalm, the bacteria, the viruses.

The nice yester young people warmed up
the ovens. Sprayed their fine suits with Katin
and Kolîma perfume. And a monkey,

naughty nosed and wicked eyed,
planted the tree, two leaves at first,
then bigger branches, rich foliage

and carnivorous flowers. I wish to have
breathed in petrol nights like the Arabian
stories. To lurk for hours, how the window
foretelling my death, opened.

Quella precedente ha arricchito l'uranio,
ha incapsulato il napalm, i batteri, i virus.

I simpatici giovani di ieri hanno riscaldato
i forni. Hanno spruzzato sui loro abiti eleganti
il profumo di Katin e Kolîma. E una scimmia,

dal naso birichino e dall'occhio malizioso,
piantò un albero, inizialmente due foglie,
poi rami sempre più grandi, ricco fogliame

e piante carnivore. Vorrei aver
respirato nelle notti di benzina come
nelle storie arabe. Appostarsi per ore, come la finestra
che preannuncia la mia morte, aperta.

The Ukrainian mother
Menna Elfyn

I've wondered often what became of her
facing the camera that day, her arms held high
as if wringing someone's neck, how she gestured
she'd kill a Russian soldier with her bare hands
if she could…Then stock still awhile—
she stutters, 'I'm not sure what his
mother would say to that'.
                              She surrenders
again to mother-land, remembers anew
how captive they are from breast to cause
to country, to give birth is what she feels
and warmth at the other mother's womb,
each to her own offspring, both wounded
from birth to love and lose, her fury tempered
by tender notes, those scales which hear the fear
of life and death as she speaks of unreal real
times, abides again to the in-between-ness
of motherhood's lowly state. And her song is lost.

La madre ucraina
Traduzione di Oriana D'Onofrio

Mi sono chiesta spesso cosa ne è stato di lei
di fronte alla telecamera quel giorno, le braccia rivolte verso l'alto
come a stringere il collo a qualcuno, come suggerito dai suoi gesti
avrebbe ucciso un soldato russo a mani nude
se avesse potuto… Poi ferma immobile per un istante—
balbetta, "Chissà cosa
ne penserebbe sua madre".
                Si arrende
ancora alla madre patria, ricorda nuovamente
quanto siano schiave del seno, della causa,
della nazione, ciò che sente è un impulso a dar vita
e il calore nel grembo dell'altra madre,
ciascuna con la propria prole, entrambe trafitte
dal parto, dall'amore, dalla perdita, la sua furia attenuata
da tenere note, quelle scale che raccontano della paura
della vita e della morte mentre parla di surreali tempi
reali, riportano ancora agli evanescenti confini
del misero stato di madre. Ed il suo canto è perduto.

The Poets

Karen Gemma Brewer is an award-winning poet and performer from Ceredigion in Wales. Her writing, combining emotion and mundanity with a strong sense of the absurd, has been published in the UK, Europe and USA. A second edition of her collection *Seeds From A Dandelion* was published in 2021; a new collection, *Dancing In The Sun*, was due in 2022.

Clara Burghelea is a Romanian-born poet, the author of *The Flavor of the Other* (2020) and recipient of the Robert Muroff Poetry Award. Her work has appeared in *Ambit, HeadStuff, Waxwing* and elsewhere. Her interests include teaching and translating, fields in which she has worked for more than 15 years.

Miriam Calleja is a Maltese poet and bilingual translator. Her work has been published in several collections, a collaborative art book, and numerous international anthologies. She facilitates creative writing and poetry workshops and enjoys collaborations with other artists. She is the Stanza representative in Malta and vice-president of PEN Malta.

Rachel Carney is a PhD student and creative writing tutor based in Cardiff, in the UK. Her poems, reviews and articles have been published in magazines including *Poetry Wales, Anthropocene, Mslexia* and *Acumen*. Her poem 'Understood' came second in the Bangor Poetry Competition in 2021; other poems have been shortlisted and commended in competitions.

Gillian Clarke is an acclaimed Welsh poet and playwright, editor, broadcaster, lecturer and translator. Her poetry is on UK school curricula and has been translated into more than 10 languages. She has read and lectured in Europe and the US and was the third National Poet of Wales (2008-2016). She co-founded Tŷ Newydd, a writers' centre in North Wales.

John Eliot is a poet and editor who credits the encouragement of an anthology editor for setting him on the road to fulfilling an ambition to publish his writing, a favour he is keen to pass on with each new edition of *Cross-Currents*. Eliot is now poetry editor for Mosaïque

I poeti

Karen Gemma Brewer è una poetessa e performer pluripremiata di Ceredigion, Galles. La sua scrittura, che combina emozioni e semplicità unita ad un forte senso dell'assurdo, è stata pubblicata nel Regno Unito, in Europa e negli Stati Uniti. Una seconda edizione della sua raccolta *Seeds from a Dandelion* è stata pubblicata nel 2021; una nuova raccolta, *Dancing in the Sun*, è prevista per il 2022.

Clara Burghelea è una poetessa rumena, l'autrice di *The Flavour of the Other* (2020) e la vincitrice del Robert Muroff Poetry Award. Le sue opere sono state pubblicate su *Ambit, HeadStuff, Waxwing* e altrove. I suoi interessi includono la didattica e la traduzione, campi in cui ha lavorato per più di 15 anni.

Miriam Calleja è una poetessa e una traduttrice bilingue maltese. Le sue opere sono state pubblicate in diverse raccolte, un libro d'arte in collaborazione e numerose antologie internazionali. Promuove la scrittura creativa e laboratori di poesia e ama collaborare con altri artisti. È la rappresentante di Stanza a Malta e la vicepresidentessa di PEN Malta.

Rachel Carney è una dottoranda di ricerca e un'insegnante di scrittura creativa a Cardiff, Regno Unito. Le sue poesie, recensioni e articoli sono stati pubblicati in molte riviste, tra cui *Poetry Wales, Anthropocene, Mslexia* e *Acument*. La sua poesia 'Understood' si è classificata seconda nella Bangor Poetry Competition del 2021; altre poesie sono state selezionate e menzionate in molti concorsi.

Gillian Clarke è un'acclamata poetessa, drammaturga, redattrice, presentatrice, insegnante e traduttrice gallese. La sua poesia fa parte dei programmi scolastici nel Regno Unito ed è stata tradotta in più di dieci lingue. Ha tenuto seminari in Europa e negli Stati Uniti ed è stata il terzo poeta nazionale gallese (2008-2016). È la cofondatrice di Tŷ Newydd, un centro per scrittori nel nord del Galles.

John Eliot è un poeta e redattore che deve ad un incoraggiante editore di antologie il merito di averlo guidato sulla strada per la pubblicazione delle sue opere, un favore che è pronto a ricambiare con ogni nuova edizione di *Correnti incrociate*. Eliot è ora redattore di poesia per

Press and co-editor of this series of books. He is a staunch European living in France.

Menna Elfyn is an award-winning poet and playwright from Wales who writes in Welsh. Her work, which includes collections of poetry, children's novels, libretti, and plays for television and radio, has been translated into more than 20 languages and is studied in schools and universities. She is Emerita Professor of Poetry and Creative Writing at Trinity Saint David. She is also President of Wales PEN Cymru and campaigns for the free expression of writers worldwide.

Nissim Ezekiel was an Indian-Jewish poet, actor, playwright, editor and art critic. He was a foundational figure in postcolonial India's literary history, specifically for Indian poetry in English where his style and themes were influential in modernising literature. India's National Academy of Letters recognised him with the Sahitya Akademi Award (1983) for his collection *Latter-Day Psalms*.

Manuel Iris is a Mexican poet living in Cincinnati, where he was the city's Poet Laureate Emeritus (2018-2020). He has been published widely and has spoken at events in Mexico, the US and Europe. His books have earned him major literary awards. In 2021, he became a member of the prestigious System of Art Creators of Mexico (Sistema Nacional de Creadores de Arte).

Mary Louise Kiernan is a member of the Woodstock Poetry Society. She was awarded the 2015 Poetry Prize by Tempe Public Library in partnership with Arizona State University. Kiernan's poetry appears in *The New York Times* and elsewhere. Her debut poetry collection is titled *The Gift of Glossophobia*.

Don Krieger is a biomedical researcher whose focus is the electric activity within the brain. He is author of the 2020 hybrid collection *Discovery*, the 2022 hybrid chapbook *When Danger Is Past, Who Remembers?*, a 2020 Pushcart nominee, and a 2020 Creative Nonfiction Foundation Science-as-Story Fellow. His work has been translated and has appeared in numerous publications.

Dave Lewis is a writer and photographer from Cilfynydd, Wales. He taught science and sport in Wales and, briefly, Kenya before moving towards literature and photography. He has worked in myriad trades

Mosaïque Press e co-redattore di questa serie di libri. È un convinto europeista che vive in Francia.

Menna Elfyn è una poetessa e drammaturga pluripremiata del Galles che scrive in gallese. I suoi lavori, che includono raccolte di poesie, romanzi per ragazzi, libretti e commedie televisive e radiofoniche, sono stati tradotti in più di venti lingue e sono studiati in scuole e università. È professoressa emerita di poesia e scrittura creativa al Trinity Saint David. È inoltre la presidentessa di PEN Cymru Galles e si batte per la libertà di espressione degli scrittori di tutto il mondo.

Nissim Ezekiel è stato un poeta, attore, drammaturgo, editore e critico d'arte indiano ebreo. È stato una figura fondamentale nella storia letteraria dell'India postcoloniale, in particolare per la poesia indiana in inglese: il suo stile e i suoi temi hanno influenzato la modernizzazione della letteratura. La National Academy of Letters indiana gli ha conferito il Sahitya Akademi Award (1983) per la sua raccolta *Latter-Day Psalms*.

Manuel Iris è un poeta messicano che vive a Cincinnati, dove dal 2018 al 2020 è stato Poeta Laureato Emerito della città. È stato ampiamente pubblicato ed ha partecipato ad eventi in Messico, negli Stati Uniti e in Europa. I suoi libri gli sono valsi importanti premi letterari. Nel 2021 è diventato membro del prestigioso Sistema Nacional de Creadores de Arte.

Mary Louise Kiernan è membro della Woodstock Poetry Society. È stata vincitrice del Poetry Prize 2015 della Tempe Public Library in collaborazione con l'Arizone State University. La poesia di Kiernan è apparsa sul *New York Times* e in altri giornali. La sua prima raccolta poetica è intitolata *The Gift of Glossophobia*.

Don Krieger è un ricercatore biomedico che si occupa dell'attività elettrica del cervello. È autore della raccolta ibrida *Discovery* del 2020, del chapbook ibrido *When Danger Is Past, Who Remembers?* del 2022, candidato al Pushcart nel 2020 e membro della Creative Nonfiction Foundation per il programma Science-as-Story nel 2020. Il suo lavoro è stato tradotto ed è apparso in numerose pubblicazioni.

Dave Lewis è uno scrittore e fotografo di Cilfynydd, in Galles. Ha insegnato scienze e sport in Galles e, per un breve periodo, in Kenya, prima di dedicarsi alla letteratura e alla fotografia. Ha svolto una miriade

and professions, still dreams of being a billionaire philanthropist, but recognises he may have to settle for writing poems in the woods.

Ștefan Manasia is a poet, journalist and publisher of the Romanian cultural magazine *Tribuna*. He has published six volumes of poetry and a book of essays. His poems, which he reads at international gatherings, have been translated into five languages. In 2008, he was instrumental in setting up the Nepotu' Lue Thoreau reading club in Cluj, the largest Romanian-Hungarian literary community in Transylvania.

Kavita Ezekiel Mendonca was born and raised in a Jewish family in Mumbai, the daughter of the late Nissim Ezekiel. Educated at Queen Mary School, the University of Bombay, and Oxford Brookes University, England, she has taught English, French and Spanish in India and overseas in a teaching career spanning over four decades. Her first book, *Family Sunday and Other Poems*, was published in 1989, with a second edition in 1990.

Brian Thomas Phillips, a native of Wales, has written verse since he was "an uncooperative and argumentative" schoolboy published in a national anthology by schoolkids. A lifelong socialist, he now works as an HGV driver, having been a teacher, school director, photographer, lab technician, theatre tutor, deckhand, diver, farmhand and a marine equipment salesman. *Spaff*, his first recording, was released in 2021.

Kate Rose is a poet and short fiction writer living in rural France. Her first collection of poetry, *Brushstrokes*, was published in the Mosaïque Press Chapbook series in 2022. Her work has been published in periodicals and commended in poetry contests. She co-founded the Charroux Literary Festival (2014-2020) and the current venture, Poetry@Treignac.

Andreea Iulia Scridon is a poet and translator. Her debut book of poetry in Romanian, *Hotare* (*Borders*), published in 2021, won second place in a national manuscript contest. A poetry pamphlet, *Calendars*, and book entitled *A Romanian Poem* are forthcoming.

George T Sipos is a Romanian-American writer, literary critic, translator and scholar of Japan and higher education. He translates Japanese literature into Romanian and English and has published four

di mestieri e professioni, sogna ancora di diventare un filantropo miliardario, ma riconosce che forse dovrà accontentarsi di scrivere poesie nei boschi.

Ștefan Manasia è poeta, giornalista ed editore della rivista culturale rumena *Tribuna*. Ha pubblicato sei volumi di poesia e un libro di saggi. Le sue poesie, che legge in occasione di incontri internazionali, sono state tradotte in cinque lingue. Nel 2008 ha contribuito alla creazione del club di lettura Nepotu' Lue Thoreau a Cluj, la più grande comunità letteraria rumeno-ungherese della Transilvania.

Kavita Ezekiel Mendonca è nata e cresciuta in una famiglia ebrea a Mumbai, figlia del defunto Nissim Ezekiel. Ha studiato al Queen Mary School, l'università di Bombay, e alla Oxford Brookes University in Inghilterra. Ha insegnato inglese, francese e spagnolo in India e oltremare, in una carriera didattica che dura da oltre quattro decenni. Il suo primo libro, *Family Sunday and Other Poems*, è stato pubblicato nel 1989, con una seconda edizione nel 1990.

Brian Thomas Phillips, originario del Galles, scrive versi da quando era uno studente "poco collaborativo e polemico", pubblicato in un'antologia nazionale di studenti. Da sempre socialista, oggi lavora come autista di mezzi pesanti, dopo essere stato insegnante, direttore scolastico, fotografo, tecnico di laboratorio, tutor teatrale, marinaio, sub, bracciante agricolo e venditore di attrezzature marine. *Spaff*, il suo primo brano, è stato pubblicato nel 2021.

Kate Rose è una poetessa e scrittrice di narrativa breve che vive nella Francia rurale. La sua prima raccolta di poesie, *Brushstrokes*, è stata pubblicata nella serie Chapbook di Mosaïque Press nel 2022. Le sue opere sono state pubblicate in periodici e menzionate in concorsi di poesia. È cofondatrice del Festival letterario di Charroux (2014-2020) e dell'attuale iniziativa Poetry@Treignac.

Andreea Iulia Scridon è una poetessa e traduttrice. Il suo primo libro di poesie in rumeno, *Hotare* (*Confini*), pubblicato nel 2021, ha vinto il secondo posto in un concorso nazionale. Un pamphlet di poesia, *Calendars*, è un libro intitolato *A Romanian Poem* sono di prossima pubblicazione.

George T Sipos è uno scrittore rumeno-americano, critico letterario,

volumes of translations in Romania, with a fifth planned. His English writing has been published in literary ezines.

Christina Thatcher is a Creative Writing lecturer at Cardiff Metropolitan University, a poetry editor and tutor, workshop facilitator and a member of the Literature Wales Management Board. Her poetry and short stories have featured in more than 50 publications. She has had two poetry collections published.

RS Thomas was a Welsh poet and Anglican priest noted for nationalism, spirituality and dislike of the anglicisation of Wales. He has been described as "the Aleksandr Solzhenitsyn of Wales because he was such a troubler of the Welsh conscience". He is considered one of the major English language and European poets of the 20th century.

Sholeh Wolpé is a widely published Iranian-born poet, playwright and literary translator whose work has won many awards. Sholeh travels internationally as a performing poet, writer and public speaker. She has lived in Iran, Trinidad and the UK; currently she divides her time between Barcelona and Los Angeles where she is a Writer-in-Residence at the University of California, Irvine.

traduttore e studioso del Giappone e dell'istruzione superiore. Traduce letteratura giapponese in rumeno e in inglese e ha pubblicato quattro volumi di traduzioni in Romania, con un quinto in programma. I suoi scritti in inglese sono stati pubblicati in riviste letterarie digitali.

Christina Thatcher è docente di scrittura creativa presso la Cardiff Metropolitan University, redattrice e tutor di poesia, promotrice di laboratori e membro del consiglio di amministrazione di Literature Wales. Le sue poesie e i suoi racconti sono apparsi in oltre cinquanta pubblicazioni. Ha pubblicato due raccolte di poesie.

RS Thomas è stato un poeta e sacerdote anglicano gallese noto per il nazionalismo, la spiritualità e l'avversione per l'anglicizzazione del Galles. È stato definito "l'Aleksandr Solzhenitsyn del Galles, perché era un tale agitatore della coscienza gallese". È considerato uno dei maggiori poeti inglesi ed europei del XX secolo.

Sholeh Wolpé è una poetessa, drammaturga e traduttrice letteraria di origine iraniana che vanta molte pubblicazioni. Le sue opere hanno ottenuto numerosi riconoscimenti. Sholeh viaggia a livello internazionale come poetessa, scrittrice e oratrice. Ha vissuto in Iran, Trinidad e Regno Unito; attualmente si divide tra Barcellona e Los Angeles, dove è Writer-in-Residence presso la University of California, Irvine.

Acknowledgements

The publisher gratefully acknowledges the poets' permission to reproduce their work from the following books and sources:

Karen Gemma Brewer: 'Backspace' in *Seeds from a Dandelion – Collected Poems* (2017); 'I'll Never Stay at the Dorchester' in *Gwrthryfel/Uprising* (2022).

Clara Burghelea: 'On translation' in *Welter Journal* (2021); 'Pleasures' in *Life and Legends* (2021).

Miriam Calleja: 'Understanding poetry' in manuscript; 'What is love, now?' in *Inside* (2016); 'Lake Michigan' in *Stranger Intimacy* (2020).

Rachel Carney: 'Self Portrait as a Great Crested Grebe' in *Envoi*; 'Different' in *Poetry Salzburg Review*.

Menna Elfyn: 'The Players' and 'The Pear Tree' in manuscript (published in Welsh in *Tosturi*, 2022).

John Eliot: 'Village of Silence' and 'Bernard Prickett' in manuscript.

Nissim Ezekiel: 'Poet, Lover, Birdwatcher' and 'Night of the Scorpion' in *The Exact Name* (1965).

Manuel Iris: 'Letter to my newborn daughter to help her christen the world', 'Elegy' and 'Welcome for my father, whose funeral I could not attend' in *The Parting Present* (2022).

Mary Louise Kiernan: 'The Translation' in *The Gift of Glossophobia* (2021); 'All and Any Slants' in manuscript.

Donald Krieger: 'Curly Red Hair' in *The Blue Nib*; 'In the Beginning' in manuscript.

Ringraziamenti

L'editore esprime la sua riconoscenza ai poeti per il consenso a riprodurre le loro opere tratte dai seguenti libri e fonti:

Karen Gemma Brewer: 'Backspace' in *Seeds from a Dandelion – Collected Poems* (2017); 'I'll Never Stay at the Dorchester' in *Gwrthryfel/Uprising* (2022).

Clara Burghelea: 'On translation' in *Welter Journal* (2021); 'Pleasures' in *Life and Legends* (2021).

Miriam Calleja: 'Understanding poetry' in corso di pubblicazione; 'What is love, now?' in *Inside* (2016); 'Lake Michigan' in *Stranger Intimacy* (2020).

Rachel Carney: 'Self Portrait as a Great Crested Grebe' in *Envoi*; 'Different' in *Poetry Salzburg Review*.

Menna Elfyn: 'The Players' e 'The Pear Tree' in corso di pubblicazione (pubblicato in gallese su Tosturi, 2022).

John Eliot: 'Village of Silence' e 'Bernard Prickett' in corso di pubblicazione.

Nissim Ezekiel: 'Poet, Lover, Birdwatcher' e 'Night of the Scorpion' in *The Exact Name* (1965).

Manuel Iris: 'Letter to my newborn daughter to help her christen the world', 'Elegy' e 'Welcome for my father, whose funeral I could not attend' in *The Parting Present* (2022).

Mary Louise Kiernan: 'The Translation' in *The Gift of Glossophobia* (2021); 'All and Any Slants' in corso di pubblicazione.

Donald Krieger: 'Curly Red Hair' in *The Blue Nib*; 'In the Beginning' in corso di pubblicazione.

Dave Lewis: 'Gosia' in *Mixed Messages* (2021); 'Laika' in *Scratching the Surface* (2019).

Stefan Manasia: 'The generation of extinction' and 'Poltergeist in Faget Forest' in *The Clear Sky* (2015).

Kavita Ezekiel Mendonca: 'Ode to Caravaggio' in *RIC Journal* (2021); 'Loss' in *Poetry India* (2020).

Brian Phillips: 'Blood-Eagled' in manuscript; 'Requiem' (published as 'An Insufficient Requiem for Harry Patch') in *Ymlaen/Onward* (2020).

Kate Rose: 'Garlic and Roast Tomatoes' and 'The Last Holiday' in *Brushstrokes* (2022).

Andreea Iulia Scridon: 'Märchen' in manuscript; 'Loosening and Tightening' in *Sepia Journal* (Issue 1, 2020).

George T Sipos: 'hate there's only hate' and 'here we are again at our dining room table' from *american ballads* in manuscript.

Christina Thatcher: 'How to Love a Gardener' and 'Digestion' in *How to Carry Fire* (2020).

RS Thomas: 'Rich' in *Residues* (2003); 'At the End' in *No Truce with the Furies* (1996).

Sholeh Wolpé: 'The Prince' and 'The House on Stilt Legs' in *Keeping Time With Blue Hyacinths* (2013).

Special thanks to Clara Burghelea, Sara Pallante, Jill Pope, Michael Evans, Sheila Jacob, Blood Axe Books and Nia MacKeown for their assistance in producing this anthology.

Dave Lewis: 'Gosia' in *Mixed Messages* (2021); 'Laika' in *Scratching the Surface* (2019).

Stefan Manasia: 'The generation of extinction' e 'Poltergeist in Faget Forest' in *The Clear Sky* (2015).

Kavita Ezekiel Mendonca: 'Ode to Caravaggio' in *RIC Journal* (2021); 'Loss' in *Poetry India* (2020).

Brian Phillips: 'Blood-Eagled' in corso di pubblicazione; 'Requiem' (pubblicata con il titolo 'An Insufficient Requiem for Harry Patch') in *Ymlaen/Onward* (2020).

Kate Rose: 'Garlic and Roast Tomatoes' e 'The Last Holiday' in *Brushstrokes* (2022).

Andreea Iulia Scridon: 'Märchen' in corso di pubblicazione; 'Loosening and Tightening' in *Sepia Journal* (n. 1, 2020).

George T Sipos: 'hate there's only hate' e 'here we are again at our dining room table' tratto da *american ballads*, in corso di pubblicazione.

Christina Thatcher: 'How to Love a Gardener' e 'Digestion' in *How to Carry Fire* (2020).

RS Thomas: 'Rich' in *Residues* (2003); 'At the End' in *No Truce with the Furies* (1996).

Sholeh Wolpé: 'The Prince' e 'The House on Stilt Legs' in *Keeping Time With Blue Hyacinths* (2013).

Un ringraziamento speciale a Clara Burghelea, Sara Pallante, Jill Pope, Michael Evans, Sheila Jacob, Blood Axe Books e Nia MacKeown per aver contribuito alla realizzazione di questa antologia.